湛庐文化 Cheers Publishing
a mindstyle business
与 思 想 有 关

TOO BIG TO FAIL

THE HAZARDS OF BANK BAILOUTS

大而不倒

如何让大银行建立有效的风险防范机制

[美] 加里·斯特恩（Gary H. Stern） 罗恩·费尔德曼（Ron J. Feldman） ◎著
钱睿 季晓南 杨艳 ◎译

中国人民大学出版社
·北京·

TOO BIG TO FAIL

推荐序

THE HAZARDS OF BANK BAILOUTS

在变革中前行

前美联储主席　保罗·沃尔克

迄今为止，人们仍然无法对 20 世纪 30 年代经济大萧条和大量金融机构倒闭的原因及结果形成定论。但毫无疑问的是，这些事件对政府、金融监管机构和银行家产生了重大而深远的影响，改变了他们对银行倒闭和经济风险的看法。

在多数发达国家，商业银行必须遵循某些规章制度并接受政府的监督。尽管受到一定的限制，人们仍普遍认为与其他行业相比，银行的稳定性和持续经营更多地依赖相互信任和信心；一旦丧失这种信任感，宏观经济系统就会面临重大风险。但这并不意味着如果银行濒临破产或者已经倒闭，这些银行的储户和债权人需要得到政府的保护。

中央银行向来都是“最后的借款人”，它能在危机时刻增加银行系统的流动性，但是中央银行的政策措施将限制有偿付能力的金融机构提供小额抵押贷款的能力。

在经济危机当道之时，这种相对消极的方法似乎无法阻止倒闭风潮，也无法恢复人们的信心。因此在经历了有关道德风险的激烈辩论后，美国决定通过立法保护破产银行的中小储户。因为其他国家并不存在存款保险系统，所以在金融危机时，人们并不会怀疑政府积极拯救银行的能力。

几十年来，联邦存款保险公司（Federal Deposit Insurance Corporation）以及政府态度的转变并未受到任何挑战。经济大萧条和银行崩溃造成的创伤，促使银行家们采取更加保守的方法规避风险。值得注意的是，尽管美国有几千家私人银行，但在近半个世纪里，并未出现较大规模的银行倒闭事件。

从 20 世纪 70 年代中期开始，一切都改变了。对于新一代商业银行家而言，金融危机的记忆已经逐渐逝去，他们面临着激烈的竞争。银行家们已经做好挑战既有实践和体制束缚的准备，更加积极地闯入新的借贷领域和国际市场。

与此同时，其他事件开始扰乱市场，风险随之加大。由于实施了反通胀的货币政策，货币市场出乎意料地开始紧缩，这就抑制了石油危机、通货膨胀、投机性房地产以及拉丁美洲和其他国家巨额债务的增长。

当然这并不是政府首次面对银行破产的问题；伊利诺伊大陆国民银行（Continental Illinois Bank）曾经是美国最大的商业银行之一，也是最重要的大型代理银行之一，它的破产成为一个分水岭。美联储进行强有力的干预，联邦存款保险公司做出重大决定，使用自身资源对其进行资产重组，这已经明显有悖于仅仅援助中小储户的法律要求了。

在金融环境相对恶劣的时代，由于人们普遍认为金融系统很脆弱，所以对上述决定并不存在重大的争议。因此，在一连串的金融机构破产事件中，几乎所有储户都能够得到联邦存款与贷款保险公司（Federal Savings and Loan Insurance

Corporation）的援助。如果所牵涉的金融机构具有“系统”重要性，也就是说能够威胁整个金融系统的稳定，那么世界各国政府都将毫无例外地通过各种方式保护合规商业银行储户免受破产损失。

当然，做出正确判断是很困难的，而且势必引起更大的争议和辩论。

政府援助的一个后果是公平性难以保证，在美国尤为如此，因为有很多小型机构并不具有系统重要性。它们认为自己处于明显的竞争性劣势，需要为自己的储户赢得公正的判断和更多的实质性保护。

政府援助最大的顾虑是道德风险将会变得愈发严重，而债权人的拯救行动将扰乱正常的市场秩序。过多地鼓励冒险和破产行为容易导致严重的后果，但是权益受到保护的债权人对“尽职调查”没有多大的兴趣。历届日本政府全面担保商业银行债务，这就等于鼓励不规范的银行操作、不合理地分配金融资源并加剧系统的脆弱性。

现在很难判断公共政策（著名的“大而不倒”主义）的转变对美国经济复苏的毁灭性影响。在本书中，两位作者非常清晰地表达了他们的观点：美国商业实践迫切需要深化改革并增加透明度。简而言之，他们与那些将危机最小化、并与官方态度保持一致的学派格格不入。

斯特恩和费尔德曼已经看清现实的一个重要层面：在大量银行面临破产危机之时，我们一方面面临着市场秩序紊乱的风险，另一方面则必须面对政府可能以“不在管辖范围之内”为借口推卸责任的风险。在我看来，斯特恩和费尔德曼的方法就是构建屏障，抵御对保护储户和债权人的偏见。

他们的研究范围已经超出商业银行领域。几年前他们亲眼目睹政府拯救美国长期资本管理公司（Long-Term Capital Management）（一家暗中进行不合规投机操作的大型对冲基金公司）。事实上，美国商业银行的相对重要性已经逐渐降低，因此，本书所讨论的经验教训及方法就有更为宽广的应用空间。

上述讨论证明了此类客观分析方法的合理性，所以《大而不倒》为解决这一难题做出了重要贡献。

TOO BIG TO FAIL

目录

THE HAZARDS OF BANK BAILOUTS

如何应对“大而不倒”

在本书2004年版里，我们说明了“大而不倒”问题已经很严重，而且变得愈发地糟糕。在相对稳定的年代处理“大而不倒”问题能够带来意想不到的效果，所以必须立即予以关注。我们的论点是正确的：2008年和2009年美国政府调动几十亿美元拯救美国几大金融机构，其中包括花旗集团、美国国际集团和贝尔斯登公司（当然其他国家也采取了类似的甚至更大规模的拯救行动）。与此同时，我们还发现，金融机构的安全网已经全面铺开，其中包括美联储有选择性地向投资银行敞开贴现窗口[①]、为货币市场共同基金投资者提供担保以及为公司存款账户提供全额保险等。

起初有些观察家认为，这些行动不会明显增加道德风险，不会增加人们对“大而不倒”的期望值，更不会鼓励金融机构承担大量风险。例如，他们认为，在拯救了贝尔斯登公司后，证券持有人和高管所遭受的损失，在一定程度上能够与援助大量债权人所带来的影响相互抵消。其实他们并未发现，只有在政府支持下，债权人，而非证券持有人，才能控制公司风险，使债权人免受“大而不倒”的不良影响。但是随着政府逐渐加大拯救金融机构的力度，同时，决策者降低

① 指中央银行以政府债券抵押形式向金融机构提供短期贷款。

了一些债权人的初始成本，那些轻视“大而不倒”问题的言论逐渐淡去。决策者以一种含蓄的方式承认，先前他们确实低估了“大而不倒”问题，现在“大而不倒”已经成为执政官员、决策者和监管机构亟待解决的首要金融顽疾。

及时更新并精确阐述“大而不倒”问题的严重性，并不是本书再版的主要目的。实际上我们致力于提供解决“大而不倒”问题的框架，以及在未来更好地降低“大而不倒”风险的特定建议。我们认为本书所讨论的框架和建议，能够成为任何管理“大而不倒”问题的新方法的核心构件。如果没有框架和建议，将产生重大的政策错误，也许决策者付出的代价要沉重得多。

我们的框架强调“溢出效应”的重要性，解释了政府保护濒临破产大型金融机构债权人和其他具有系统重要性金融公司的原因。如本书所强调的那样，“决策者必须首先考虑改革，以降低一家银行破产威胁其他银行偿债能力的可能性”。一般而言，决策者应该努力通过规范管理溢出风险解决“大而不倒”问题：如果决策者能够化解潜在的溢出威胁，就无需拯救债权人，那么债权人对政府援助就不会抱任何期望，市场的约束力也将逐渐增强。

我们已经看到决策者开始采纳“大而不倒”框架。请参考美国前财政部长亨利·保尔森（Henry Paulson）的评论：

> 在一个优化系统内，市场约束力能够有效控制风险。因为监管结构比较强大，所以在尚未危及整体系统之前，金融机构就会破产。为了保证市场约束力能够有效控制风险，我们必须允许金融机构破产。但现在有两个因素，使人们开始期望监管措施能够防止金融机构破产：一是它们互相关联所以不能破产，二是它们规模太大所以不能破产。我们必须采取措施改变人们的这种观念，当然这就需要我们降低这两种情况出现的可能性。

但是，决策者仅仅采用我们的政策方法是远远不够的，这一框架需要决策者采取大量特定的改革措施。我们认为，决策者应该执行我们推荐的改革措施，这样他们才能控制“大而不倒”。实际上我们认为，如果决策者在2008年金融危机开始之前实施我们在2004年提出的改革建议，那么现在他们已经获得可观的收益了。当然我们无法确信，在次贷市场崩溃后，如何才能控制不同金融机构之间的众多溢流。在系统中占据重要地位的金融机构变得异常虚弱，而且带来了很多不良后果；只有当决策者理解上述建议后，他们才能更好地应对这些不良后果。这些准备也许无法限制对政府救助的需求，但如果债权人仅接受有限的财政支持，也足以帮助他们应对溢出威胁（后文还将进行详细的讨论）。

上述讨论使人们自然而然地产生疑问：既然改革的目标明确，他们为什么不能立即进行改革？我们将首先回答这个问题，然后论证我们的改革措施能够降低2008年金融危机严重程度的原因。

有些人认为“大而不倒”改革其实是在糟蹋稀缺资源。通常决策者拥有很多方案，但他们仅仅优先考虑实施少数方案。在这种情况下，由于先前采取了一切可能的措施，因此在2007年金融动荡爆发之前，多数大型金融机构的表现似乎非常优秀。这解释了虽然现在“大而不倒”是一个重要的问题，但是在此之前其他问题似乎显得更为重要的原因。

在其他情形下，少部分人认为先前进行的改革使决策者很难而且没有必要援助债权人。观察家似乎相信，这些改革将使债权人遭受损失，并打消人们对“大而不倒”的顾虑。1991年《联邦存款保险公司改进法案》（*Federal Deposit Insurance Corporation Improvement Act*）以法律形式确立了审慎性监管原则，很多人认为这些原则其实缓解了我们对“大而不倒”存在范围和持久性的忧虑。所以，持有这种观点的人们并不会首先解决“大而不倒”问题。

对此我们持有不同的观点，附录 A 中有详细的阐述。我们认为在紧要关头，《联邦存款保险公司改进法案》将有效遏制债权人的期望或决策者的行为，2008 年以及 2009 年发生的事件在很大程度上证明了这一点。为什么？原因很简单：这些程序变化并未触及决策者提供援助的深层原因。例如，对贝尔斯登公司的干预就包括公开救援行动和咨询联邦存款保险公司改进法案委托机构的专业意见。此外，如果所有银行大幅扩大存款保险的范围，决策者就会援引所谓的《联邦存款保险公司改进法案》系统风险免责条例。①有鉴于此，我们认为，通过增加《联邦存款保险公司改进法案》等机制的覆盖面，是无法有效降低安全网的膨胀速度的。

其他观察家也许认为，监管机构能够合理地阻止金融公司的风险承担行为。对此我们深表怀疑。如附录 C 所述，尽管监管机构必须承担重要的角色，但是这些工具并不能有效遏制“大而不倒”所鼓励的风险承担行为。例如，在造成实际损害之前，审慎的监管者无法轻易限制金融公司的风险承担行为。而最低资本限额的作用非常有限，因为在当前的银行风险之下，监管者无法具体实施最低资本限额的标准。简而言之，我们认为过多地依赖一揽子监督管理体制，并不是更好地管理“大而不倒”的关键，至少从目前情况来看确实如此。

对于“我们的改革措施能否降低 2008 年金融危机的严重程度”这个问题，我们列举了一些具有代表性的事例，指出我们在 2004 年提出的建议，确实能够帮助当时的人们为 4 年后的危机做好充分准备。

其中有一个建议，能够提高人们应对 2008 年以及 2009 年金融风暴的能力，

① 在美国联邦存款保险公司（FDIC）推出临时流动性担保计划（Temporary Liquidity Guarantee Program）以及政府建议花旗集团收购美联银行的背景下，决策者在《联邦存款保险公司改进法案》系统内行使了系统风险免责条例。与此形成鲜明对比的是，在印地麦克银行 (IndyMac Bank F.S.B) 和华盛顿互惠银行（Washington Mutual Bank）破产时，决策者并未引用系统风险免责条例，尽管它们都是很大的存储机构。

我们称之为情景规划。本书将描述此项改革的关键内容：

> 如果一家大型银行即将破产，决策者能够事先知道其他银行面临的风险敞口，并演练如何应对破产事件，就能帮助决策者降低不确定性。监管者应该评估金融机构破产对其他大型银行偿债能力的影响。这就需要在一个特定时点，如工作日结束后，检查一家银行对另一家银行的欠款。政府应该关注溢出效应和机构之间风险敞口；监管者应该针对大型银行破产制定详细的计划，测试模拟程序，并根据测试结果修改程序。由于大型银行的业务瞬息万变，因此监管者应该定期重复这些循环。监管者需要寻找相关的文件和数据，以便决定一家银行的偿债能力以及其他银行破产时它所面临的风险敞口。最后，监管者应该确定银行的偿债能力与他们的规定有多大的差距。我们认为监管者必须最优先消除这些差距。

2008 年以及 2009 年某些大型银行面临流动性不足或资不抵债的问题，在思索应对措施的过程中，这种方法体现出重要的价值。当然，做好充足的准备也许不能直接改变对重大政策行动的需求，但是决策者能够更好地理解大型金融公司之间“千丝万缕”的关联特性，这就预示着应该更加及时地对这些结果做出反应，并予以更多的关注。

此外，如果决策者在 2006 年而不是 2008 年控制了大型金融公司之间的关系网，那么他们就能够采取行动以限制这个网络扩散风险的能力。例如，当非银行金融机构陷入困境时，就会产生溢出效应。现在，决策者已经意识到自己最大的软肋就是缺乏解决方案。首先，缺乏解决方案以及限制溢出效应的渴望，解释了这些公司接受巨额援助的原因。我们所主张的调查研究似乎能够提高这个问题的可视性。

其次，决策者在处理“大而不倒”机构的破产问题时，必须就可能遭受的损失与债权人分享信息并进行沟通，这一点非常重要。我们已经清楚地表明，决策者需要“引导”这些债权人，避免使他们受到惊吓，在决策者已经采取行动并降低提供援助的可能性的时候尤为如此。有些观察家认为，2008 年秋季信贷和金融市场的崩溃是大型金融机构债权人遭受惊吓的结果。

再次，我们鼓励决策者实行新的资本制度，提高银行应对危机的资本实力，增强未来银行筹措资金的实力。在提出这个建议时，我们注意到它似乎没有任何可操作性，而且现在仍是如此。但是很多观察家已经得出结论，与当前的资本制度相比，一个“顺循环”资本制度能够对 2008 年的金融动荡局面做出更好的回应。

此外我们还提供了其他建议。例如，确认了在衍生品市场大幅使用票据交换带来的益处，强调解决方案的重要性，因为这样才能弥补破产机构给债权人造成的资金损失。

这两个问题的答案表明，先前我们提倡的改革具有明显价值，值得重新考虑。那么决策者应该从何处着手?

我们应该完全根据本书提倡的改革方案努力管理“大而不倒”，现在这种方法被称为系统性重点监管 (systemic focused supervision, 以下简称 SFS)。一般而言，SFS 专注于降低溢出效应的监督管理行为，主要包括 3 个核心内容：早期发现 (early identification)、迅速采取强化修正举措（enhanced prompt corrective action，以下简称 PCA）和沟通（communication)。

核心 1　早期发现

SFS 需要应对大型金融机构之间，以及金融机构和资本市场之间的实际敞口风险。这个过程与我们的情景规划紧密相连。“早期发现”的目标如下：(1) 帮助决策者感知什么事件不会严重损害大型金融机构，这样就无需提供资本援助；(2) 确定可能导致公司破产的风险敞口，这就需要政策监管，并且及时做出有效的回应。

核心 2　迅速采取强化修正措施

如果银行的资本低于特定限额，那么 PCA 就要求监管者采取特别行动。如果银行仍有充足资本或仅会招致较小的损失，那么直接关闭银行就是降低溢出效应最公平的方法。如果一家银行破产不会带来惨重的损失，那么显然它不会直接威胁其他关联存款机构的生存能力，所以PCA是管理系统风险的一个重要工具。但是，这种方法所使用的指标并不能够合理解释未来产生损失的原因，并且给予银行管理层太多的自行决定权。我们应该根据银行管理层无法控制的远期数据更新指标，这样才能打消人们的疑虑。

核心 3　沟通

前面两个核心内容试图通过弱化决策者拯救债权人的动机，增强市场约束力。但是，债权人并不知晓政府限制溢出效应所做的努力，所以他们不会改变对政府救助的期望，更不用说与决策者讨论具体措施了。

尽管我们已经看到引人注目的案例，但仍然有人对我们的方法表示怀疑：这些观察家往往纠缠于我们的建议无法预测下一次破产浪潮。这些观察家认为每次金融动荡都有其与众不同之处，这就意味着决策者只能背水一战，而且无法采取行动限制未来的溢出效应。评论家也许会问，有谁能够预测次级贷款造成的损失，或者投资银行和其他濒临破产金融机构所倚重的抵押资产市场被冻结呢？美国国际集团和其他大型金融公司的衰落方式，使多数观察家和市场预言家大惊失色。但毫无疑问的是，超级金融机构的崩溃带来溢出风险，并引起人们对“大而不倒”问题的忧虑。

此外，我们没有必要预测重要金融公司倒闭事件，也无需采取措施对抗“大而不倒”，相反我们需要考虑倒闭事件所引起的溢出效应。例如，一起倒闭事件是否导致重要清算和结算服务的终结？倘若如此，现在我们应该采取什么行动以便延续此类服务？倒闭事件是否对其他潜在的“大而不倒”公司带来巨大的损失？倘若如此，那么现在应该采取何种措施帮助决策者快速量化潜在的敞口风险，并评估其他金融机构管理风险的能力？虽然这个方法无法尽善尽美，但是与那些忽视潜在溢出风险或者在金融机构破产后才做出反应的方法相比，它具有十足的优越性。决策者无法阻止下一场灾难，但这并不是他们置身险境的原因。

“大而不倒”的本质

“9·11”悲剧的阴影尚未散去，2001年年末，总部位于明尼阿波利斯（美国明尼苏达州最大城市）的一家中等规模经纪商MJK清算公司（MJK Clearing，以下简称MJKC）面临严重的财务危机。在明尼阿波利斯联邦储备银行看来，MJKC破产将产生溢出效应，严重损害20万零售客户、与其进行股票借贷交易的几家经纪公司以及接受MJKC后台服务的中西部小型经纪行的利益，股票借贷交易正是问题产生的根源。MJKC的律师认为，它的规模太大无法破产，否则将严重扰乱美国中西部的经济活动，所以美联储应该提供援助。中西部地区新成立的第二个联邦储备银行的主管，要求明尼阿波利斯储备银行调查出现溢出效应的可能性。

与证券投资者保护公司（Securities Investor Protection Corporation，简称SIPC）旗下最大的证券清算经纪商有关的事情从来就不是小事。但是，当时以及之后的情形都表明，严重扰乱金融和经济秩序只是虚张声势而已，美联储无需提供任何援助。经验丰富的MJKC律师对“大而不倒”的担心恰恰说明，在金融环境下，人们往往以维护金融系统稳定之名，行保护债权人利益之实。更为重要的是，只要有关“大而不倒”的争论能使当地人的心里泛起涟漪，他们就会主动介入任何重大破产事件。事实上，一位当地报纸的专栏作家和美国银行协会发现，在 MJKC 破产事件中似乎存在一些歪风邪气。撇开决策者的手段不谈，即使存在其他更好的选择，或者进行改革能够消除不良后果，这些决策者也仍然坚持保护债权人。因此，这些事件表明了一个警示："大而不倒"不是理论问题，而是一个公共政策困境。这个结论证实了我们先前的忧虑。

在 MJKC 破产之前，确切地说应该是 2000 年中期，我们在芝加哥商学院召开的一次会议上，阐述了解决"大而不倒"问题的方法。当时国际货币基金组织的迈克尔·穆萨（Michael Mussa）公开反对我们的观点。他认为，所有政府绝不能相信大型银行的债权人，一旦他们的银行破产，他们根本不会承担任何损失。简而言之，"大而不倒"是一个无法解决的问题。后来，我们从其他一些知名的与会者那里得知，实际上他们认为美国根本不存在"大而不倒"问题，20 世纪 90 年代初期的法案已经消除了这个问题，其他国家也会纷纷效仿进行同样的改革。其他场合也传出了同样的信息：决策者和公众根本无需担心"大而不倒"问题。

我们离开会场，并且对先前的研究未能证明我们的观点而黯然神伤。我们并没有恰当地说明，决策者如何才能通过改革降低债权人对政府援助的期望。此外，我们也没有充足的数据证明，先前的法案无法真正解决问题。

所有这些事情，使我们产生了规划并写作一本有关"大而不倒"书籍的动力。在本书的第一部分，我们告诉读者"大而不倒"问题是真实存在的，能够产生重大损失，而且将会变得愈发严重。在第二部分，我们为决策者提供了应对这一问题的各种选择。"大而不倒"问题并非不可解决，是时候解决问题了——等待下一次金融危机的爆发是无济于事的。

我们感谢 3 位匿名评论员以及理查德·托德(Richard Todd)和大卫·梅斯(David

Mayes）对本书初稿所做的评论；在我们讨论 1991 年《联邦存款保险公司改进法案》时，罗伯特·埃森拜斯（Robert Eisenbeis）、威廉·艾萨克（William Isaac）、乔治·考夫曼（George Kaufman）和拉里·沃尔（Larry Wall）发表了他们的观点；卡伦·赫韦曼尔（Karen Hovermale）、特蕾西·马罗尼（Therese Maroney）和珍妮特·斯旺（Janet Swan）帮助寻找参考图书；杰森·施密特（Jason Schmidt）帮助进行调研；道格·克莱门特（Doug Clement）、大卫·费蒂格（David Fettig）和朱莉·兰德尔（Julie Randall）帮助编辑本书内容；而巴布·皮尔斯（Barb Pierce）则全力支持这个出版项目。

特此声明：本书的观点与明尼阿波利斯联邦储备银行或联邦储备系统没有必然的联系。

谁来监管“大而不倒”

对于非金融界人士而言，理解本书需要一些背景知识。首先，让我们看看银行[①]倒闭的情形。有些银行在没有任何征兆的情况下破产，另外一些濒临倒闭的银行则因为较大的规模及其在金融系统中的显著地位，从而受到决策者的关注。针对一起重要的银行破产案件制定合适的政策，是一件非常棘手的公共政策问题。一家大型金融机构的倒闭，将使其他金融机构、宏观金融系统以及经济和社会秩序面临重大风险。基于这种担心，很多国家，包括发达国家或欠发达国家、民主国家或独裁国家，都会保护债权人，使他们免遭部分或全部损失。这些银行被冠以“大而不倒”[②]的称号，它们的债权人接受政府无条件援助无担保。[③]

如果“大而不倒”银行的债权人能够得到政府保护，那么他们就会在监管银行时放松警惕。如果债权人的市场监管力度不够，那么银行就会面临额外的风险，“大而不倒”银行将会放出贷款并下其他的赌注，

① 文中使用广义的银行术语，指债务直接或间接接受政府及其控股公司担保的存款机构。

② 尽管“大而不倒”这个术语主要应用于非金融机构和州政府，但我们主要着眼于银行，对此第 2 章将做解释。

③ “大而不倒”是一个误导性的术语——我们将在第 2 章做具体解释——但是我们仍旧使用它，因为它源于政策辩论。

事后想想，就会发现这些做法是多么的愚蠢。这些成本听起来很抽象，实际上国家将损失数千亿美元的收入。有些国家甚至因为“大而不倒”产生金融动荡，从而导致经济严重下滑。因此，这些不良行为被认为是“大而不倒”的“道德风险”——它们浪费了宝贵的资源。

我们的信息储备

尽管已经有所努力，但我们希望告诫大家：在降低债权人对“大而不倒”保护的期望值方面，决策者做得远远不够。很多既有保证和政策试图使债权人相信，大型银行的倒闭并不会使他们蒙受市场损失。他们也不相信，全面担保无法惠及债权人，因为他们并没有接触到促使决策者保护债权人的因素。决策者保护大型金融机构债权人的主要原因是：一家大型银行倒闭并导致债权人损失惨重后，政府必须降低其他银行倒闭或资本市场混乱的概率。

其他因素也促使政府保护债权人。决策者提供保护，可能是因为他们能获得个人利益，例如在事业上飞黄腾达。中央计划不力也有可能导致紧急援助。尽管这些要素引起了我们的些许关注，也采取了一些改革措施，但是与减轻银行倒闭对金融稳定的影响相比，这些措施显然微不足道。

尽管我们在揭示道德风险成本方面没有什么权威数据，也无法表明提供援助是否能够增加收益，但经验数据、各种案例、零散的分析报告和我们的宏观印象表明，“大而不倒”保护只有投入没有产出。我们也认为，“大而不倒”问题已经变得愈发严峻，理由包括大型银行规模不断扩大、大型银行占有的银行系统资产比重增长、银行业务更加复杂以及某些政策趋势，例如最近大规模的救援行动。

有些学者赞同我们的观点，也有一些知名分析师得出了不同结论。一些观察家认为“大而不倒”保护的净成本被高估了，而其他人则认为有些大型金融机构倒闭了，但他们的债权人并没有得到任何保护。这些分析家考量成本收益的方法与我们大相径庭，但是我们仍然有理由支持很多改革方案。例如，我们的一些建议可能使决策者不愿提供“大而不倒”保护，也不愿意通过降低威胁仔细应对道德风险。此外，在关于何时适用紧急援助的讨论中你将看到，我们援引的案例影响了决策者，改革推动政策步入了正轨。

另一种观点认为，就理论上而言，“大而不倒”保护会产生净成本，但在实践中，美国的法律体制（其他发达国家也可效仿）使得开展“大而不倒”保护变得异常困难，实际上消灭了“大而不倒”问题。

我们理解和支持美国决策者采用的一般方法，这种方法经不起实践检验，并且我们意识到这也许已经开始改变人们对“大而不倒”的期望。但是从长远来看，我们认为这个系统并不会显著降低债权人接受政府援助的可能性，解决“大而不倒”问题的美国式方法仍然缺乏可信度。

最后还有一派学者也承认“大而不倒”保护将产生净成本，但是他们相信并没有切实可行的解决方案。他们认为，决策者不能致力于让“大而不倒”银行的债权人承担损失。在他们看来，尽管监督管理需要耗费较多的资源，而且在决定援助“大而不倒”机构和债权人时存在很大的不确定性，但政府能做的就是接受“大而不倒”的净成本。

与持有最后一种观点的学者类似，我们相信当重要银行的债权人面临损失风险时，决策者面临巨大的挑战，“拒绝援助”的规则将被打破。此外，我们怀疑单纯的政策变化是否能够明显降低人们对“大而不倒”的期望值，但是，最终我们还是与这类哲学分道扬镳了。决策者可以通过一系列改革，降低很多金融机构债权人对政府援助的期望值。很多其他国家的决策者能够在外界认为不可能的时候，确定低通胀的目标，所以决策者也能够在债权人希望获得保护的时候，降低他们的期望值。

就其本身而言，使重要金融机构的债权人置身损失风险之中的方法，与“大而不倒”没有任何关系。如有必要，国家应该建立或加强法律规范、产权制度和公共机构的诚信原则。为了有效管理人们对“大而不倒”的期望值，决策者需要将“大而不倒”的成本与决策进程融合起来，这是一个非常重要的改革。由于对“大而不倒”银行提供援助是一个相对简单，而且确实有帮助的过程，因此需要选择憎恨“大而不倒”、抑或至少对其抱谨慎态度的决策者，适当引导公众对“大而不倒”成本的看法、限制个人动机，从而减少保护“大而不倒”机构的可能性。

在现有的基本原理之下，决策者可以通过消除公众的担心，更加可靠地处理债权人对“大而不倒”援助的期望。对此，我们提供了一系列方案。这些改革方案试图降低一家银行破产殃及其他银行的可能性，或者降低大型银行破产时决策者所面临的不确定性。具体措施包括：刺激大型银行破产并由监管部门做出反应，处理少数银行结算系统频繁交易的问题，阐明相关的法律和监管措施。

其他类型的改革包括减少银行破产造成的损失，通过改革降低银行结算系统交易产生的敞口风险。在我们看来，这些政策都是有效的，因为它们使公共决策者相信，如果他们拒绝进行援助，就能控制溢出效应。所以这些政策鼓励债权人在面临风险时，重新审视自我，提高“大而不倒”机构的市场约束力。

我们对除此之外的改革持谨慎的态度。一系列改革在有效惩罚提供援助的决策者的同时，也在应对潜在的个人动机这一要素。但是，我们无法确定这些改革是否有效，而且在解释政府援助时，决策者容易过分依赖于个人动机。尽管我们认为监督管理存在重大的局限性，但是建立银行业监督管理机制有利于限制银行的冒险行为。

最后，一旦决策者开始有效应对“大而不倒”问题，他们就会拥有大量可行的解决方案。例如，当债权人面临损失风险时，决策者可以遵循行业规范行事。在评估银行的冒险行为时，银行监管者应该更多地依赖市场信息，存款保险人也可以利用类似的信息确定他们的保险费。

人们也许同意我们的理论观点，但是现实世界缺乏实用主义，这一观点也无法服务于权力政治。30 年前就有一个引人注目的案例，它依靠分析方法而不是政治原则处理大型银行破产的问题，而 10 年后“大而不倒”才成为普通的术语：

> 对很多实用主义者而言，允许大型银行破产似乎是在顽固坚守标准经济原则，代表着意识形态对实用常识的胜利。实用主义观点认为，公司破产带来长远利益，但是如果换成大型银行，破产成本就会超过援助成本。毕竟破产的社会成本是直接的，而允许破产的好处是间接的，只能在未来体现。但是我们应该摒弃这种实用主义观点，因为它忽视了外部因素的与时俱进。如果援助一家大型银行的理由是，这样做的成本大于破产成本，那么下次当另外一家大型银行濒临破产时，它将有可能获得援助。但是在未来，中等规模的银行也能享受这样的待遇，接着小银行、其他金融机构和其他公司也能接受政府援助。如果我们将阻止经济严重下滑的成本计入挽救大型银行的成本，那么相比之下允许银行破产的成本将微不足道。当坚守实用主义成为社会风尚时，就有必要考虑在艰难时刻下坚持自我原则的益处了。

我们的研究方法

描述作者的研究方法似乎有自卖自夸的嫌疑，毕竟读者希望能够客观地评价本书的价值。但是，简要介绍我们希望达成的目标，也许能够帮助读者确定他们的期望值。本书所讨论的观点和立论所依赖的证据，圈定了我们的目标读者，以及我们所察觉到的比较优势，幸运的是这两个方面有很多的交集。

就读者而言，我们希望本书能够帮助金融从业人员以及他们所支持的决策者勇敢面对“大而不倒”问题。尽管此类读者逐渐开始了解道德风险和经济学家的推理过程等概念，但是他们很难找到解决相关问题的方法，而且提出的方案也无法让学术期刊接受或信任。为了解决这一问题，他们应该注重清晰度和明确性，得出的结论应该能够转化为可行的措施。

我们的比较优势是双重的，这与我们的兴趣和经验有关。我们拥有政策经验，斯特恩曾经担任一家联邦储备银行总裁长达 18 年之久，这使他成为美国央行最活跃的高管之一。在大部分的职业生涯中，我们试图向非常感兴趣的外行观众解释技术专家的主要发现，并努力从解释普通发现转移到提供政策建议上来。尽管本书包含对数据的新分析，以及别人尚未提出或强调的视角，但是它并不是数学模型的来源，也不能视为对经验主义方法的成熟应用。

在金融界读者中，很多人首先就会忽略经验主义模型。对他们而言，单纯解释我们的战略是没有必要的。但是，鉴于经济学家在凸显“大而不倒”问题中所扮演的核心角色，我们有必要考虑演绎推理和经济逻辑，而不是学术研究的方法。我们已经阐明，一个简单直接的方法可能对目标读者产生更大的影响，但是影响可能出现偏差。我们努力说服自己，其他基本原理也能够验证我们的方法：决策者必须根据可获得的最佳信息做出决定，如今对“大而不倒”问题的理解通常需要推理和阐述，以便能够填补重大的分析不足。

当涉及很多与“大而不倒”有关的问题时，经过缜密分析获得大家一致认可的真理似乎并不存在。对于有些问题而言，我们无法收集相关数据，或在任何合理的时段无法顺利收集数据。例如，没有任何信息能够完整地表明，有多少个国家的债权人接受了政府援助，我们也无法获取有关政府援助规模及类型的记录。简而言之，基本事实是难以寻觅的，政府援助的性质，使得我们很难获取“大而不倒”的数据。当然我们确实已经收集到一些数据，而且完成了对它们的分析。由于缺乏科学的控制，这些基于单一事件的事后评估工作存在局限性。当然也有理论性的研究工作，但是它们相当抽象，与机构事实完全脱节，所以没有任何指导作用。这些模型无法使决策者知晓，如何在众多大型银行中做出选择并提供援助。

上述事实表明决策者所处的环境不明朗，而且非常不确定。在决策者和他们的同僚采取行动之前，他们必须等待一项长期研究项目的结果，现在根据大肆宣传的信息采取行动只会招致更坏的结果，历史上有很多类似的例子。但是对于我们来说，等待最终的答案似乎不太现实。在最近召开的有关经济大萧条的会议上，与会者对于 70 多年前这一事件发生的根本原因仍然存在分歧。

决策者经常充当急救医生，他们本应该根据基础研究的结果行事，但是在采取行动之前，他们并未等待研究的结果。鉴于决策者采取行动通常是越早越好，获取最佳信息，并与经过时间和经验检验的经济学推理综合起来的做法就显得非常合理，我们希望这种做法能帮助决策者及其同僚筛选解决方案。

非正式的方法论肯定存在不足，缺乏数据可能使人们讨论问题时官腔十足。“大而不倒”问题的不确定性意味着，我们必须小心谨慎，注意信息不完整的地方、别人对我们观点持异议的地方以及我们得出结论的方式。不完整的信息也表明我们采取了谨慎的改革方案，这就是我们的方法。最后，我们认为不完整的信息并不会直接导致不作为，“无为”的战略将产生大量的成本。

TOO BIG TO FAIL

第一部分

“大而不倒”的警示

THE HAZARDS OF BANK BAILOUTS

为何我们认为债权人对“大而不倒”覆盖范围的期望是一个危险的问题？决策者又该如何做出反应？这些将在本书第一部分做出解释。我们首先详细解释了“大而不倒”问题的本质（见第1章），证明了“大而不倒”是一个信用问题：大型银行的债权人相信政府不会让他们承担银行破产所产生的全部损失。

接下来的两章将讨论“大而不倒”的成本。第2章以常用的方式解释了成本，着重强调对援助的期望如何导致资源的极大浪费。第3章回顾了经验主义证据，表明对“大而不倒”范围的期望是真实广泛存在的，而且将会带来很大的成本。此外，研究发现大型银行的债权人多少对能否受到政府保护心存疑虑，我们也剖析了我们的担心与研究结论完全相符的原因。

第4章分析了决策者援助债权人的动机。本书所有章节都牵涉对成本的分析，而这些动机说明决策者相信，对债权人提供不受法律限制的政府援助，将会带来可观的收益。有效降低对“大而不倒”覆盖范围的期望的唯一方法，就是研究其理论基础。

接着，我们在第5章描述了现在对“大而不倒”覆盖范围的期望可能高于10年前的原因。认清“大而不倒”问题愈发严重的趋势，能够帮助决策者确定他们的反应。人们普遍认为美国法律的困境其实已经消除了“大而不倒”问题，但我们坚信“大而不倒”已经成为了一个重要问题，这个观点明显与他们背道而驰。我们在第5章以及附录A中概述了这些法律改革的不合理性。

最后，第6章检验了上述分析，提出了一些重要的案例。案例中大型金融机构的债权人并未接受任何政府援助，这些案例可以用有关“大而不倒”援助的发生机理进行解释。我们已经确认了驱使决策者援助“大而不倒”银行的普通因素，这些案例中的决策者做出不予援助的决定，似乎正是因为缺乏这些因素，尤其是担心出现溢出效应。

TOO BIG TO FAIL

THE HAZARDS OF BANK BAILOUTS

01 问题何在

“大而不倒”问题的根源就是债权人对政府援助的预期。如果在金融系统中较为重要的大型银行的债权人，希望在银行破产时接受政府的保护，那么问题就产生了。这些债权人本来并不在政府直接保护之下，但政府财政支持将使他们免受重大的经济损失。

“大而不倒”问题的潜在根源是缺乏信誉。决策者尚未使“大而不倒”银行债权人相信，政府将尽量减少对此类银行的财政援助。政府必须对机构和政策进行改革，让“大而不倒”银行的债权人面临合理的损失风险。如果决策者希望保持实际行动和口头允诺之间的一致，他们就必须采取行动，而不是简单地口头保证中止援助。

由于“大而不倒”援助的驱动力，依赖对成本和收益的比较，所以我们仅仅进行了普通的讨论。我们认为，“大而不倒”保护的成本超过了收益。我们也有充分的理由，让得出相反结论的那些人严肃地考虑我们的分析和建议。

“大而不倒”的内涵

相比其他多数金融机构和债权人，政府似乎对银行及其债权人实行了明显不同的措施，这就反映了银行业务的独特性，一家银行破产所导致的溢出效应，以及破产威胁其他银行生存能力的概率（详见第 4 章和附录 C）。例如，政府对银行进行格外严密的监管，并审查其业务活动。此外，在美国的破产法律范围内，一家濒临破产的金融机构可以申请破产清算或重组，这就为解决金融机构债权人的问题树立了标杆。与此形成反差的是，对于那些无偿债能力的银行，政府会直接接管，然后根据针对银行的特殊法律机制，控制破产银行债权人的命运。保护银行存款人免遭损失的正式程序（也就是存款保险），是银行破产机制的重要组成部分。当然，一般情况下，存款保险额度是有一定上限的（例如美国存款账户平均保险额度是 10 万美元）。

但是，显性存款保险和最高限额并不适用于金融机构债权人。例如，在 1979 年至 1989 年间，大约有 1 100 家商业银行倒闭，但是美国决策者采取行动，对其中 99.7% 的存款负债提供了全额担保。除了已受保护的储户之外，银行债权人还包括短期投资者（例如隔夜信贷投机商）、长期优先级债务和次级债务的持有人以及股东等。

对金融机构债权人提供保护，是“大而不倒”一个最主要的特征。“大而不倒”的第二个特征是银行的规模。美国金融危机表明，不管银行的规模如何，决策者都能够决定是否保护所有债权人。我们关注的焦点是，对大型金融机构债权人的特别保护措施。大型并不仅仅指规模较大，还指该金融机构在一个国家的金融系统和经济运行中扮演重要角色。假设一家银行并不是该国最大的银行，但是如果它处理很多结算款项或证券交易，那么它就是重要的机构。

在处理大型破产金融机构债权人时，会产生在小型银行破产案件中不会出现的一系列问题。大型银行破产使得决策者担心其他银行也会随之破产、金融系统无法正常运行以及经济活动的减少。决策者认为，维持濒临破产银行的运营状态，创造有利于金融稳定的气氛，就能够帮助债权人减轻溢出效应。

我们使用的“大而不倒”这个术语，有两种指代意义：（1）援助金融机构债权人免受损失的政策；（2）大型银行。“大而不倒”机制是一个政策环境，在这种政策环境中，债权人希望政府保护他们免受破产损失。在遵循“大而不倒”机制的国家里，大型银行被视为规模太大以至于不能破产。在下文中，我们重点讨论了银行的相关问题，解释了尽管“大而不倒”的字面意思容易使人误解，但我们仍然坚持使用它的原因。

在讨论政府对银行的政策时，我们所使用的“大而不倒”，与 1984 年伊利诺伊大陆国民银行的倒闭紧密相连。

当时，伊利诺伊大陆国民银行是美国第七大银行，很多观察家认为该银行的债权人接受了政府极为慷慨的援助。政府的这种处理方式开创了一个先例。在接受美国财政部金融局（Office of the Comptroller of the Currency）的质询时，国会议员麦金尼（McKinney）宣称，“通过保护伊利诺伊大陆国民银行，我们拥有了全新的银行。现在，我们又创造了另外一种银行，我们已经批准美国金融控股公司（Financial Corporation of America）斥资 10 亿美元组建经纪行。主席先生，我们不要相互扯皮了。我们拥有了一种全新的银行，它就是‘大而不倒’，这是多么完美的银行啊！”

在“大而不倒”制度下，金融机构债权人所期望的，以及实际获得的援助额，有时会高于伊利诺伊大陆国民银行获得的援助额，而有时则低于伊利诺伊大陆国民银行获得的援助额。政府援助债权人的方法也大相径庭，这些援助往往非常隐蔽，但已经有文件披露了政府向债权人提供的保护措施。

例如，一份有关金融危机的报告声称，政府对 11 家银行的存款和其他债务提供了“一揽子担保”，但是这份报告披露的只是冰山一角。没有任何现存资料能够披露政府援助的类型，也没有任何合适的方法能够对此进行追溯研究。

在我们看来，政府对存款人、其他固定收益证券或货币市场工具、股东的保护力度依次减弱，当然现实生活中也存在明显的例外情况。

TOO BIG TO FAIL
THE HAZARDS OF BANK BAILOUTS

“大而不倒”术语在银行业和非银行业的使用情况

在使用“大而不倒”的过程中，产生了两个问题，需要进一步解释一下。首先，尽管它已经用于描述其他机构，但我们只用它来描述银行。其次，尽管它的字面意思使人误解，但是我们仍旧使用它。

在有关银行的语境中，我们使用“大而不倒”。尽管很多人认为“大而不倒”这个术语起源于有关伊利诺伊大陆国民银行破产的国会听证会，但是事实并非如此。在国会听证会之前，媒体在报道政府援助伊利诺伊大陆国民银行的新闻时，就已经使用这个术语了。也就是说从 1984 年年末开始，这个术语就开始被频繁地使用。在过去的 15 年里，它在主要日报和商业期刊中总共出现了大约 900 次（见图 1—1）。20 世纪 90 年代初期，这个术语的出现次数达到顶峰，这就说明国会将采取行动降低援助力度，我们会在后续章节对此加以讨论。

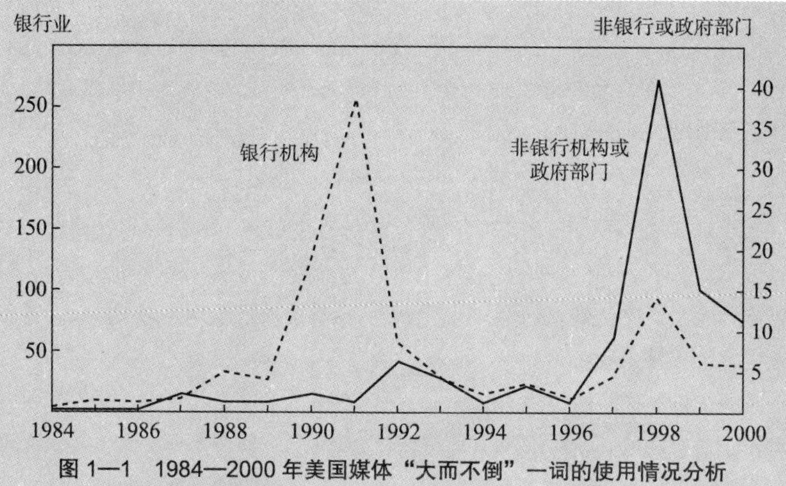

图 1—1　1984—2000 年美国媒体“大而不倒”一词的使用情况分析

“大而不倒”开始从银行业扩散至非银行业。实际上早在 10 年前，媒体就开始用这个术语描述政府援助债权人的行为。1975 年一篇商业杂志文章使用这个术语描述“政府不敢让重要的公司破产倒闭”。文章提到了 1971 年政府向洛克希德公司（Locleheed Lovporation）提供政府贷款担保，支持铁路建设，还暗示了政府对克莱斯勒公司（Chrysler Corporation）的援助。

尽管其他行业也存在“大而不倒”，但是有几个原因使我们更加关注金融业的这个现象。首先，至少有几个实例表明，保护商业机构债权人的最终目的是保护银行债权人。例如，韩国政府拯救韩宝制钢公司（Hanbo Steel）是为了避免债权人银行的破产；日本政府支持房地产市场，是为了防止持有房地产的金融机构倒闭。拯救大型商业公司债权人，是政府保护金融机构债权人的一种方式，而不是独立的政策。

在地方政府管理下，几个重要的“大而不倒”事例也具有类似的特征。考虑 20 世纪 90 年代有关巴西的案例：

有些拉丁美洲国家如阿根廷和巴西的政府财政问题具有同样的特征，州政府和当地政府的偿债能力出现问题，无法从上级政府获得贷款或拨款。在巴西，州政府拥有很多大型商业银行的所有权，州政府从这些银行获得大量贷款以便支持政府开支。为了避免全面金融危机，巴西中央银行宣布控制这些银行，并有可能承担大量政府债务。德国大力支持当地政府和州立银行的行为也明显与此相关。

因为本书后半部分所讨论的政策建议，与援助债权人和次级政府有关，所以我们需要关注银行。更为重要的是，如果决策者试图降低人们对援助的期望值，就必须采取同样的策略：在采取措施之前，清晰地表明不会提供援助。

分析家和决策者也担心，隐性担保对冒险行为、资源分配以及房利美（Fannie Mae）和房地美（Freddie Mac）等金融机构的影响。一方面，我们不会讨论大型美国金融机构，因为它们在独特的联邦政府许可下运营，基于同样的原因我们也不会讨论“大而不倒”市政公司或金融机构。另一方面，我们的讨论排除了政府资助的企业，因为尽管政府隐性担保并非法定，但是与我们所推测的“大而不倒”保护相比，政府似乎更倾向于公开支持。通过审视公开的政府担保而不是“大而不倒”，我们就能合理地分析这些企业的问题。

尽管“大而不倒”容易使人误解，但是我们仍然使用它。我们已经发现，一家“大而不倒”银行未必是这个国家最大的银行。“大而不倒”的字面涵义容易使人误解，这其中还有另外的表现形式。如果政府任由大型银行倒闭，“大而不倒”银行的一些债权人，尤其是股东和员工，将不会受到政府援助，进而遭受损失。由于存在缺陷，其他决策者和观察家使用诸如“太大所以不能马上清偿债务”之类的措辞，形容那些期望政府提供援助的债权人。但是由于“大而不倒”这个术语已经多次出现在公开场合，而且替代性术语似乎有点累赘，所以我们毫无遮掩地继续使用它。

为什么“大而不倒”政策是有问题的

“大而不倒”容易滋生问题，而且代价高昂，因为金融机构债权人不会承担银行破产的全部损失，所以他们对监管和评估银行风险没有多大兴趣。在将资金投入银行之前，他们对风险的评估将影响他们的报价，债权人对高风险银行的报价较高，而价格反过来影响银行的决定。如果银行以较低的报价获得资本，那么这样的交易就是合情合理的。除了报价之外，风险评估的结果也会影响银行融资。如果一位债权人认为，银行面临较高的破产风险，他就会提供较少的资金或者拒绝提供资金，缺乏资金将直接限制银行开展业务的能力。

如果没有债权人报价和资本供应量的信息，银行的业务活动就会受到限制。金融机构债权人对援助的信心越强，他们所期望的保护范围就越大，债权人的报价和资本也就显得更加的苍白无力。如果债权人仅仅对政府援助存在模糊的认识，那么他们在报价和资本供应量上做出的变动就是微不足道的。在另外一种极端情况下，如果债权人 100% 地确认银行将会受到政府的援助而不会倒闭，那么他们甚至会资助风险较大的“大而不倒”银行，似乎他们与提供隐性保护的中央政府是一样安全的。

“大而不倒”担保所引起的行为变化，仅仅是道德风险的一个例子。每个援助政策都会产生道德风险，因为与未受保护的情况相比，被援助者监管风险的动机会很弱。比如，一个购买洪灾损失保险的家庭，与那些需要自己承担洪灾损失的家庭相比，这个家庭具有在河流边寻找房屋的动机。“大而不倒”扩大了保险的范围，因而加深了道德风险。

由于资源错配，银行将为其过度冒险行为付出沉重的代价。随着时间的推移，这些冒险行为表现出很多形式，但是我们无法确定在一个特定案例中，这些过度冒险行为的表现形式。例如银行购买的金融资产存在违约风险，这种风险超过了没有援助时的风险，或者银行在原本能够规避的利率变动上下赌注。

如果金融机构债权人承担银行破产的风险，他们就不会接受贷款，否则说明可能存在过度冒险行为。在这种情况下，银行做出的贷款决定实则浪费了金融资源。例如，通过研究日本银行的借贷行为我们发现，政府援助政策使得银行易于将信贷错误地分配给财力薄弱的借款人，而这种行为将使借款人更加虚弱。银行不仅可能采取更加冒险的行动，还可能因为盲目快速扩张承担过量的风险。总之，这些行动将资源配置到低产出领域，如果在大范围内予以推广，将阻滞当前和未来经济的增长速度。

我们已经与很多决策者和分析家讨论了有关“大而不倒”、道德风险和资源错配的问题。一些人认为这个问题很有趣也很直观，其他人则很难认同。怀疑论者告诉我们，为了获得政府援助，银行家绝不会故意承担大量的风险。

银行家发现，人们尤为担心道德风险的问题，人们的反应似乎是谴责他们违背了诚信原则，但是，我们并不认为银行家暗地里制定欺骗政府的计划。相反我们认为，他们对市场信号做出了理性的反应。当他们执行风险－回报的计算程序时，基于他们接收到的援助报价和资金供应量，银行家做出最佳的决策：他们面对的报价和资金供应量，并不能完全反映他们的机构或行为所面临的风险。

在分析濒临破产的“大而不倒”银行时，如果对“大而不倒”保护不抱任何期望，债权人就会从银行撤出大部分资金，或至少限制资金流动并提高使用资金的费率。如果对“大而不倒”保护抱有期望，他们就不会采取这样的矫正性方法，放任资金继续流向那些银行管理层认为合理的项目，这将使整个机构濒临破产。此外，如果这些项目能够带来可观的短期收益，那么为了保证银行能够运转下去，债权人也会资助这些项目。根据标准概念，这些项目的风险最大。在这些案例中，债权人和银行家都没有违背道德，但最终的结果是政府援助使资源流向风险较高的领域。

时间不一致

“大而不倒”问题的本质是，尽管没有明确的法律规定，但是债权人相信当银行濒临破产时，他们将受到保护。实际上，即使决策者已经表明不会采取援助措施，债权人仍然期望政府提供保护。问题在于，承诺的兑现时间与援助的实行时间并不一致。如果信守誓言的时候来临，决策者就会轻视或忽视长期考虑，完全痴迷于他们的行动所产生的短期收益，如防止溢出效应导致其他银行破产或宏观经济衰退，因此他们会推翻原先的承诺，他们的行为模式说明两者在时间上是不一致的。债权人意识到，每当潜在的破产危机迫使他们考虑是否提供援助时，决策者都会面临短期收益、成本和动机方面的问题。

在制定货币政策时，人们已经广泛分析并讨论了时间不一致和信誉的问题，我们相信，经验能够使人们了解信誉和“大而不倒”之间的关系。一种观点认为，制定货币政策的经验（对此第 7 章将予以阐述）说明，在面对众多质疑的时候，决策者能够做出有公信力的承诺。决策者可以采取行动，使大型银行债权人置身于重大的损失风险之中。

另外一种观点认为，货币政策决策者应仔细权衡成本和收益，决定是否实施通胀政策。在决定是否提供援助时，他们也会对收益、成本和政策进行类似的评估。如果赞成援助债权人的政策收益大于成本，那么这些政策就会得到支持。当我们得出结论认为决策者理性行事，就意味着如果援助收益低于援助成本，这样的改革就会大大降低援助的可能性。决策者提供援助的动机减弱，将会影响债权人的判断，使他们不再期望得到援助。接着，在评估报价和资金供应量时，债权人进行全面评估，又将提高银行的决策效率。

我们很难想象，当没有考虑潜在动机时，债权人的行为会发生什么变化，所以我们应该忽视此类承诺。较低的存款保险绝对限额，以及政府放弃保护所有储户的计划，都属于没有信誉或时间不一致的改革措施，此外，还有很多理由使我们质疑决策者的公信力。

如果政策可靠有效，即使存在压力，决策者也不会改变政策。在讨论“大而不倒”援助时，很难回避政策问题。实际上，如果设立拒绝援助的规则，决策者将会担心大型机构倒闭所产生的政治经济影响，那么决策者就有很多打破规则的动机。包括紧急法案、央行借款和解决方法技巧在内的很多方法，都可以帮助决策者在实现援助的同时，遵守法律限制。

拒绝承诺以及其他类似措施，帮助我们解释了本书的组织结构。第 1 部分剩下的章节内容更加详细地讨论了“大而不倒”援助的成本和收益，而在第 2 部分，我们讨论除了禁止援助债权人之外的其他改革措施。在我们看来，“大而不倒”援助的成本很高，在接下来的几章里我们将对此进行讨论。但是在开始讨论之前，我们将简要阐述对“大而不倒”援助成本和收益的一般处理原则。

成本和收益

对于并未严肃对待“大而不倒”问题的人而言，“大而不倒”援助所产生的较高成本加重了他们的负担。但这并不等于说，“大而不倒”政策的成本高于它的收益。由于可获得信息的有限性，以及成本和收益的高度复杂性，寻找有关“大而不倒”成本和收益的准确数据是不太现实的。有时成本和收益的定量因素仅仅停留在普通的印象层次，但是此时此刻决策者必须采取行动。不管怎样，在比较收益和成本时，决策者和顾问必须依赖普遍感觉，我们认为成本高于收益。

既然我们的结论具有主观特性，那么其他人持有异议也就不足为奇了。这种争议反映了他们的判断，通过对成本和收益的主观分析，他们证明援助是适当的，但是，这个简单格式化的模型本身并不足以指导决策者做出援助的决定。我们并不期望这些具有不同侧重点、不同衡量援助成本和收益的方法能够支持我们所有的分析和建议，也就是说，在分析收益和成本方面与我们存在分歧的人们，也会支持我们提出的很多改革措施，原因有以下几点。

1. **现行政策影响银行破产引发溢出效应的可能性**。溢出效应的可能性并不是固定不变的，因为溢出效应促使援助债权人政策的出台，而降低溢出效应威胁的政策将大幅降低援助的可能性。我们相信自己推荐的几种类型的政策，能够降低溢出效应的威胁，原本担心溢出效应的人们会转而支持这样的建议。随着溢出效应威胁的降低，决策者更乐于使债权人承受损失，这样就能应对道德风险问题。

2. **减缓道德风险的政策也能够降低动荡的威胁**。从这个意义上说，一个可靠的“大而不倒”政策导致“道德圈”的出现，对此我们将在第7章予以阐述。银行不再承担大量风险，倒闭的概率变得很低，这样决策者提供“大而不倒”援助的可能性也就大大降低。

3. **提供援助也许无法终止对资源的低效使用，无法降低道德风险或不稳定性**。例如，与“大而不倒”援助有关的政府行动，实际上增加了金融危机的成本，对此我们稍后进行分析。此外，如果政府无法将援助大型银行与改革金融机构结合起来，他们的行为只会鼓励银行重复高风险运作，浪费资源，甚至需要进行额外的援助。一次援助的规模也许并不大，但这无疑增加了金融动荡的风险。

4. **有些银行破产产生的溢出效应可以忽略不计，但是它们的债权人也许相信，自己能够从“大而不倒”援助中获益。**在一般的声明之外，决策者也未能采取措施，促使债权人相信他们已经处于风险之中。决策者需要采取行动改变这些债权人的期望，为此我们也提供了几个建议，这就意味着需要更加坦率地表明，债权人需要承担损失。

5. **有些观察家认为，历史案例表明，即使大型银行倒闭引发恐慌情绪，也仅仅产生了很低的成本。**我们认为这种观点无法说服决策者放弃援助，稍后将作介绍。但是这种观点提出，人们可能高估溢出效应的威胁和援助收益的影响。

6. **除了防止动荡这一援助的首要动机外，还有其他动机。**这些动机表明，即使援助成本，也就是道德风险的增加，超过收益，决策者仍有可能提供援助。我们提供的建议并未降低溢出效应的威胁，而是力求弱化其他动机，从而提高收益－成本的权衡比例。

最后，我们并未试图消除所有的“大而不倒”援助。相反，我们建议采取一种政策，使得与现在的“大而不倒”援助的氛围相比，它能够显得更加难以获得，而且更加令人难以预料。在采取了我们的建议后，我们希望决策者提供最低限度的援助，甚至在有些情况下不提供援助。如果援助产生的社会收益远远大于未来的道德风险成本，这种政策也不会阻止这种类型的援助，但是它应该帮助减少资源错配的概率，对此下一章将展开讨论。

TOO BIG TO FAIL

THE HAZARDS OF BANK BAILOUTS

02 为什么援助的代价如此高昂

对“大而不倒”援助的期望代价高昂，因为它们浪费资源和国民福利。“大而不倒”银行承担了太多的风险，导致了资源的浪费。此外，如果债权人期望获得“大而不倒”援助，那么银行的运营效率肯定低于未受保护的银行，这也会造成资源的浪费。在一些极端案例中，糟糕的资源配置产生了很多成本：在过去的 10 多年里，“大而不倒”政策似乎在很多发展中国家金融体系以及经济的崩溃中，扮演了相应的角色。

过度的冒险行为

当政府进行财政援助时，对“大而不倒”成本和金融危机的讨论，主要集中在财政成本和会计成本上。有些国家的“大而不倒”成本占国内生产总值（GDP）的比例已经达到两位数。为了弥补存款和贷款崩溃产生的损失，美国政府从银行和纳税人那里筹集了 1 530 亿美元，大约占美国 GDP 的 2%。尽管援助金额相当庞大，这些财政流动并未核算与政府援助有关的经济成本，相反，这些资金流动仅仅记录了将纳税人资金结算给债权人的过程：一方因此受益，而另一方遭受损失。①决策者应该关注政府援助引发的资源错配，而不是资金流动。与财政转移不同，政府援助导致的投资浪费不会使任何人受益，产能损失的成本使金融损失相形见绌。财政援助的流动资金为 1 500 亿美元，存款和贷款危机（主要引起道德风险和糟糕的资源配置）所导致的产能损失高达 5 000 亿美元。我们很难核算资源错配，引用的数据仅能作为例证，即使这个数值下降 50%，它仍然表明，银行决策效率低下所引起的资源错配将产生高昂的成本。

为什么道德风险的对抗力量归于失败

实际上对抗力量限制了冒险行事的动机，因此政府干预能够减少银行的冒险行为。但更加重要的事实是，银行破产将使银行所有者和经理承担很高的成本。如果银行破产，那么包括银行雇员在内的股东将丧失大部分财产。此外，经理们也会发现，他们很难找到一份与先前薪水相同的新工作了。

破产成本的范围，取决于银行持续经营以及在未来赚取利润的能力（通常称为特许权价值）。如果特许权价值较高，银行所有者和经理们将有所损失，他们应该采取措施降低破产的可能性。例如，与特许权价值较低的银行相比，特许权价值较高的银行应该多样化他们的贷款组合，此外，特许权价值也与相关市场的竞争程度有一定的关系。规章制度已经限制了银行间的竞争，所以与其他竞争更为激烈的行业相比，银行能够在未来赚取利润。

① 值得注意的是，偿还“大而不倒”债务所需要的税务收入可能使纳税人的行为失真，使社会遭受损失。税收成本并不是“大而不倒”所独有的，所以我们不会予以深究。但我们有理由相信税收成本将会很高。

但是，较高的特许权价值并不是一个绝对的保障。这就说明，当我们需要特许权价值限制冒险行动的环境时，它往往并不存在。那些在大型银行中持有重要股权的人，他们的股票财富比例可能相对较低，那么当股票价值下降时，他们能够处置自身的股权。在一定的条件下，如果债权人得到大量的政府担保，银行就具有冒重大风险的动机。

先前促使银行业产生较高特许权价值的因素已经消失，政府放松管制，允许银行进入市场并与既有机构展开竞争。资产证券化和存款替代物的发展等新兴金融技术，也使银行面临更加激烈的竞争。分析家已经确定了促使金融机构实行过度冒险行为的主要因素。

更为重要的是，当特许权价值较低时，“大而不倒”非常精确地损害了惩戒机制，无法限制资源错置。当银行的冒险行为加大了破产的可能性时，采取“大而不倒”政策才有较大的价值。市场动机将使资金提供方提高收费，制定严格的融资条件，或降低资金供应量。由于无法找到更便宜的资金，银行就会减缓业务活动，甚至逐步停止运营。政府政策，如潜在的“大而不倒”援助，损害了市场力量。因为在银行即将破产时，政府仍然允许银行吸收资金并扩大经营。“大而不倒”援助使脆弱的银行承担额外风险，这揭示了经济成本和财政成本的一个重大差异。会计系统会记录银行破产（或被认为即将破产）时流动资金的初始估值，但是制作最终版本的表格仍需很多年，因为政府拍卖了破产机构的资产。

然而在破产之前，经济成本早已开始累计。当脆弱的市场力量和“大而不倒”诱使银行做出低效决策时，成本计量就已经开始了。信贷增长导致成本上升，而这使得银行系统看起来很强大。

为什么资源错配之风扩散到其他银行

尽管我们的焦点是大型银行，但是“大而不倒”所产生的一系列成本将导致银行系统内资源的错配。如果决策者援助大型金融机构债权人，而对中小机构无动于衷，那么他们将因为不公平举措而受到谴责。联邦存款保险公司主席认为，在美国的金融危机中，决策者不能有效地限制“大而不倒”的覆盖范围，因此，应该将援助范围扩大至中小银行。他提到，“‘大而不倒’将中小银行置于竞争性劣势，只有通过公平地扩大存款保险范围，才能弥补损失，否则资金就会从中小银行流向较大的机构，因为‘大而不倒’仍然仅仅是一个具有可能性的事件。”

最近，有更多的言论开始支持政府公开扩大对银行存款的保护力度。在国会听证会上，中小银行交易协会认为“对银行存款进行适当援助，是社区银行吸收核心存款的关键因素，而存款是社区银行借贷活动的资金来源。很多社区银行面临严重的流动性问题和资金压力，很难满足贷款需求，因为社区银行的资金远少于‘大而不倒’银行。美联储发言人拒绝承认，任何银行都是‘大而不倒’。但是历史记录做出了相反的回答。”

内控不足和缺乏创新

除了鼓励过度的冒险行为和浪费资源，“大而不倒”援助导致效率低下，还有另外一种表现形式。“大而不倒”政策所产生的市场保护力量，不仅导致较低的信贷决策效率，而且与其他竞争机构相比，这些金融机构的运营成本相对较高。与收归政府所有相比，公众对金融机构的支持度似乎更能解释金融机构效率低下的原因。与此类似，在过去的100多年里，分析家在研究政府收购金融机构并影响其行为的过程中缺乏创新。最近很多研究结果表明，在政府控制或影响私营经济的过程中，缺乏创新将带来很大的损害，尽管这仅仅是纯粹的猜测，但人们可以想象，“大而不倒”机构并没有进行创新的充足理由。

总而言之，“大而不倒”政策导致社会肆无忌惮地使用资源，这主要体现在几个方面。[①]尽管我们提到了很多数据，但是“大而不倒”的概念成本与对个人的实际伤害之间的关系仍然不明朗，所以我们的结论主要针对资源的巨大浪费：“大而不倒”援助与国家金融系统及经济崩溃有关。

金融系统的崩溃

很多著名分析家相信，在最近的金融危机中，政府的援助扮演了主要的角色。实际上，对“大而不倒”机构的援助，已经使人们对国家长期金融流动性失去了信心。为了更好地解释“大而不倒”，我们总结了一个模型，主要从援助金融机构债权人和道德风险的角度解释最近的金融危机。鉴于政府提供援助的可能性，金融机构债权人降低监管力度，银行承担更多的风险。高风险行为增加了银行破产和政府援助的概率，较高的财政援助成本又要求政府筹集大量的资金，政府印刷钞票是增强未来流动性的一个方法。由于害怕此类政策产生潜在的通胀压力，金融市场参与者所采取的行为又使得货币面临急剧贬值的风险。货币以及相关的金融危机导致严重的经济衰退,从而产生庞大的社会成本。

其他一些模型并不依赖道德风险解释金融危机，而且在过去的 15 年里，

① “大而不倒”政策意味着，通过直接支付现金大量转移政府补贴，这将产生庞大的成本。针对特定人群直接提供补贴能够降低行政成本，避免政府遭受风险敞口，增加接受者的满足感。

导致很多国家金融崩溃的原因不止一个。尽管我们已经进一步理解了崩溃原因，但是，即便在未来，我们也无法对当前局势试探性地得出一些结论，因此，在解释这些危机时，必须避免过分依赖任何单一因素，也就是说，我们概括的模型并不是分析问题的唯一方法。其他分析家认为与“大而不倒”类似的政策，是最近金融危机的重要推动力。尽管在金融危机的模型中，我们主要关注隐性担保，但是，我们也不能忽视关键金融市场隐性担保的运作及监管措施。有些观察家认为，在国际银行市场上，参与者监控并对其他银行的冒险行为做出反应的动机已经被隐性担保抹杀了，至少在过去的 25 年里是这样的。巴塞尔银行监管委员会（Basel Committee on Banking Supervision）针对亚洲问题发表了类似的看法：“几乎所有观察家都认为，事后看来，在亚洲金融危机爆发之前，东亚金融机构承担了太多的风险，原因就是隐性政府担保，或投资者认为政府将增加援助。”

TOO BIG TO FAIL

THE HAZARDS OF BANK BAILOUTS

03 大而不倒的“大而不倒银行”

尽管在很大程度上第 2 章都是概念性的，但是其中的数据表明，“大而不倒”的成本很大。我们很难直接估计“大而不倒”援助的净成本，也就很难对其进行特别的分析，所以我们关注间接措施。我们尤其注意考察有关“大而不倒”援助存在范围的证据，因此，我们考虑在债权人合理期望政府提供援助的背景下，这些银行的数量是多还是少。这个讨论有一个现实目的：如果没有意识到“大而不倒”是一个很严重的问题，那么决策者就不会对其进行管理。

在我们看来，“大而不倒”的范围很大，而“大而不倒”援助的成本似乎更加庞大。我们根据政府提供的担保援助估计金额、事件研究、信用等级评估机构数据、银行清单和最近金融危机的成本，得出了以上结论。

鉴于“大而不倒”的巨大成本，我们要求决策者置债权人于实际损失风险之中。我们之所以支持更大程度地发挥市场力量，是因为债权人采取基于风险的定价方法。有些分析家认为，基于风险的定价方法表明，债权人认为他们不会因政府援助而受益。因为这个证据似乎与我们的核心议题冲突，在本章结束时我们将解释这些观点如何才能共存。

用援助估计金额和事件研究描述“大而不倒”

“大而不倒”政策为银行所有者和债权人提供了价值不菲的保险，债权人因潜在的援助而受益匪浅。银行所有者也会因此受益，因为对债权人提供援助将允许银行以更合适的条件进行融资，所以“大而不倒”的价值通过两种市场价格体现出来。首先，“大而不倒”银行进行融资所付出的价格相对较低。其次，政府的援助政策能够增加股东的财富。

有些分析家试图将此类政府援助视为金融工具，或者更确切地说，一种称为期权的保证，以便剔除政府保护政策的成本。然后，他们像评估期权一样估算政府援助的价值，并使用相对标准的方法进行分析。尽管不能分离“大而不倒”的特定成本,这种估算分析方法至少能够反映援助金额。最新的计算发现，为了援助银行债务持有人，发展中国家政府必须提供庞大的财政援助，日本等发达国家的援助金额也不是小数。他们还发现，隐性援助金额的估计数越高，国家遭遇金融危机，以及银行要求政府援助的可能性也就越大。多数“大而不倒”研究人员采用其他方法，如使用市场价格分析“大而不倒”援助的存在规模。这些分析家并未使用金融价值方法，他们考察的是市场价格波动与特定事件的互动关系，因为他们认为，这些事件能够改变债权人接受“大而不倒”援助的预期。这些事件就是自然实验，用于测试“大而不倒”状态的存在性和价值。

基于政策行为和表述的事件研究

如第 1 章所述，伊利诺伊大陆国民银行是被监管机构公开称为“大而不倒”的第一家美国金融机构。在国会召开的听证会上，美国财政部长认为，如果美国 11 家最大的银行资不抵债，那么决策者应该对这些银行的债权人采取相似的援助政策。对此，主流财经媒体，尤其是《华尔街日报》做了深度报道，认为“美国不会任由 11 家最大的银行破产倒闭。财政部长在国会听证会上的证词体现了一种政策倾向”。新闻报道还有更多关于决策者的陈述，“他们提出，政府已经创造了一种新类型银行：大而不倒的‘大而不倒银行’。”

当初的政策表述要么使债权人相信，他们能够因“大而不倒”援助受益，要么进一步增加了他们对政府援助的期望值，这两种结果都能增加银行股东的报酬和财富。奥哈拉（O’Hara）和肖（Shaw）分析了美国财政部长发表上述观点之前和之后，大型银行的股票收益差异。他们比较了财政部长认为能够接受援助的银行，与其他不被视为“大而不倒”的银行后发现，被财政部长称为“大而不倒”的银行的收益高于其他银行。此外，“大而不倒”列表上的银行累计回报甚为丰厚。政策表述和最新的报告都确立或确认了，“大而不倒”状态将对股东财富的增长起到积极的作用。

奥哈拉和肖确立了一个标准，其他分析家在对其稍作修改后，遵循了这个标准。总的来说，这些研究证实了当初的结论，“大而不倒”确实存在，而且将财富从纳税人转移到股东那里。这些研究者有了三个非常有趣的发现。

1. “大而不倒”的范围和历史，应该比奥哈拉和肖的研究发现更大更久远。通过关注其他不同的侧重点，有些分析家发现，当初财政部长的言论实际上使“大而不倒”的范围超出了 11 家大银行。这些大银行以及其他银行的股东似乎已经认为他们不会面临损失。通过使用短期债务和存款定价，有一种分析结果认为，在伊利诺伊大陆国民银行破产之前，债权人已经期望“大而不倒”援助了。

2. 美国联邦储备系统调动私人资本援助美国长期资本管理公司，这就强化和扩大了对大型银行的“大而不倒”援助。一位分析家已经认定，那些被美联储认定为大型复杂金融机构（large complex banking organizations）（在下面的章节里我们将更为详细地讨论这个术语）的各种银行，并不是美国长期资本管理公司的债权人；在美国长期资本管理公司接受援助之后，这些银行通过隔夜市场融资的成本开始下降。根据以上观点，美联储在援助过程中所扮演的角色证实了它对溢出效应的担心，因此，如果银行倒闭可能产生溢出效应，那么这些银行的债权人就会提高对政府援助的期望值。

3. 1991 年通过的法案是否实现了降低银行破产成本、减少对债权人的援助以及降低援助可能性等目标，一切还都不明朗。对此事件研究流派鱼龙混杂：有些研究发现立法行为降低了大型银行的融资成本，而其他研究则发现法案使股东财富缩水了。接下来，我们将更为详细地讨论立法的方方面面。

基于合并的事件研究

分析家并不相信，提高效率或增加收入是大型金融机构合并的原因（对此我们将在第 5 章作更为详细地讨论）。这个结果使他们怀疑，达到或超过“大而不倒”的最低规模，是否能够解释合并的原因。在这些案例中，合并就是推动研究者测试有关“大而不倒”假设的“事件”。

对合并的分析也证明债权人确实对“大而不倒”抱有期望。例如，只有大型银行之间的合并才能导致股东的股票价值上升，先前的研究结果表明，合并几乎不会为股东带来长期价值，所以这个研究发现就显得与众不同，大型银行似乎能够从大范围的政府援助中受益。此外，银行规模也能够帮助解释，为什么宣布合并时，银行债务持有人的财富有所增长（当然其他因素也能够合理地解释这个原因）。如果金融机构拥有 1 000 多亿美元的资产，那么通过合并实现的财富增长将更为可观。此外，分析家还使用与核算成本经济有关的工具，评估银行合并事件中“大而不倒”的角色。这些研究表明，“大而不倒”援助通过降低吸收存款的成本使大型银行受益。

信用等级评估机构的分析

信用等级评估机构是专门评估银行偿债能力的公司，它们提供的评估报告有助于确定哪些机构的债权人期望得到“大而不倒”援助。我们首先介绍信用等级评估机构，讲解有关评估报告的相关背景知识，接着，我们介绍有关“大而不倒”援助存在范围的观点。

信用等级评估机构评估债务工具发行人按时偿还全部债务的可能性。美国和其他一些国家的主要机构包括：穆迪（Moody’s Investors Services）、标准普尔（Standard and Poor’s）和惠誉（Fitch）。信用等级评估机构通常基于字母或数字发布信用等级（例如 1~5 或 A~E），来表示一个义务人偿还债务的相对可能性。

尽管这些信用等级评估机构都是私营公司，它们的评估报告与政府法规的关联度却很高，这就说明，监管者和法律专员认为这些私营公司的评估报告是可信的。例如，银行监管者充分使用信用评级核算银行资产面临损失风险时，银行应该持有的资本额。在现代美国金融法案的背景下，信用评级在确定大型银行业务活动类型的过程中扮演了一定的角色。由于他们广泛使用信用评级报告，监管者和决策者似乎特别重视信用评估报告中的信息（即使其他人对信息的价值提出异议）。因此，我们认为信用等级评估机构的数据，似乎能使监管者和决策者相信大范围援助的适用性。

如果需要使用信用等级数据，我们就需要做出一个重要的区分。有些信用等级评估机构并未将义务人偿还债务的能力与潜在的政府援助区分开来。例如，在金融现代化的过程中，人们经常使用穆迪发行人信用等级。穆迪公司将银行发行人等级定义为“银行维护未经保险高级金融契约的能力”。总体而言，这些评级类似于穆迪银行存款等级，穆迪公司将存款等级定义为“银行按期偿还外币和（或）本国货币存款的能力……穆迪公司银行存款等级没有考虑存款保险计划所产生的收益，但他们意识到这些计划直接资助银行的潜在可能性。”

与存款或发行人等级形成反差的是，穆迪公司还推出了银行金融实力等级，它完全排除了潜在的外部信贷支持。这些等级致力于更加清晰地解释穆迪银行存款等级，因为后者反映了来自政府的隐性支持。根据穆迪公司的说法，银行金融实力等级“有助于理解银行从第三方，如所有人、银行业协会或官方机构等寻求援助的可能性。”

在评估银行金融实力时，监管者试图剔除“大而不倒”政策援助这一要素，但是我们持续关注银行金融实力等级，这有助于核算某个时点“大而不倒”援助的规模。我们首先分析刚刚公布的银行金融实力等级（如图 3—1），大约有 1/3 的机构等级属于 D 级和 E 级。我们引用穆迪 E 等级银行的定义描述此类银行的状况：“E 等级银行的内在金融实力非常有限，定期接受外部援助或完全借助外部援助摆脱困境的可能性较大。这些机构可能受限于以下一个或多个要素：较少的或受限制的商业特权、金融基础存在实质性缺陷、运营环境具有很大的不可预见性和不稳定性。”在穆迪公司看来，等级分布图说明，为了保持持续经营，很多被评估的银行都需要政府或其他第三方的援助。

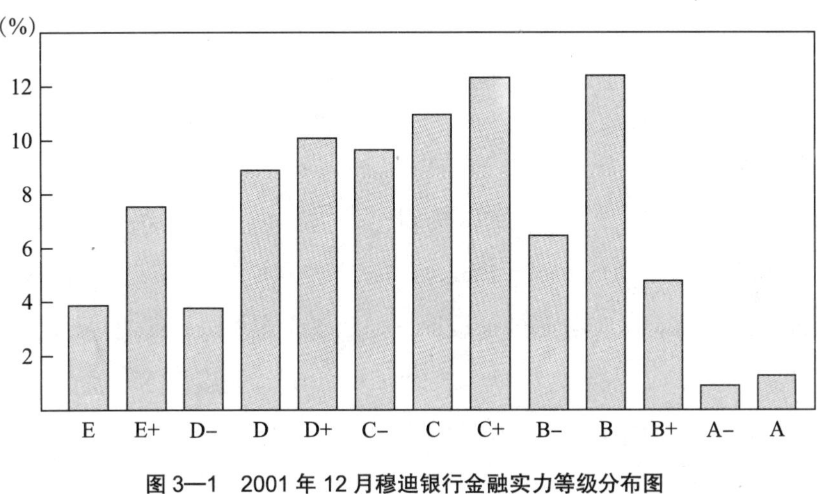

图 3—1 2001 年 12 月穆迪银行金融实力等级分布图

其他评估机构也得出了相同的结论。惠誉公司提供的等级数据“并未评估银行资产质量，相反，它认真评估银行是否有必要接受援助。”2002 年 3 月，在 1 259 家银行机构里，有 41% 的机构接受了援助，而且他们全部属于第 1 类至第 3 类。惠誉公司相信，如果这些机构陷入金融困境，那么这些实体的债权人就会接受政府或其他第三方的援助。其他 30% 的机构的援助等级为 4，它们被定义为“可能接受援助但仍不确定”。

通过比较银行存款等级和银行金融实力等级，我们就能确定哪些公司的债权人能够从“大而不倒”援助中受益。2001 年 12 月，在银行金融实力等级为 E 或 E+ 的 106 家银行中，约有 1/3 的银行有相应的投资存款等级（也就是说这个等级优于垃圾债券）。其他 30% 的银行金融实力等级最低，它们的存款等级低于投资等级。穆迪公司官员似乎支持直接确定政府援助水平的方法：“我们的评估等级不会忽略，在降低信贷风险的过程中，隐性援助所扮演的角色。

我们的银行等级往往高于单纯的金融实力等级。

存款等级和银行金融实力等级之间存在很大的差异。例如，我们将日本瑞穗金融银行集团（Mizuho Bank）存款等级设定为A3（中等水平），但是该集团的金融实力等级是E+，这就说明可能存在偿债的问题。”

与政府隐性援助有关或无关的等级之间肯定存在差异，但这绝不仅仅是日本银行或当前时代所独有的现象。例如，20世纪90年代早期花旗银行和大通曼哈顿银行（Chase Manhattan Bank）的惠誉独立评级和惠誉长期评级就存在明显的差异，前者没有考虑外部援助，但后者考虑了。1990年大通曼哈顿银行的独立评级是C，长期评级是A。1991年10月，花旗银行的独立评级是C，花旗银行最早的长期评级是1993年8月的A。

当然，比较不同的评级说明了“大而不倒”保护的存在，但等级评估并不是精确计量。在研究银行的“大而不倒”状态时，极少有人使用等级评估机构数据，但是在市场参与者理解大型金融机构信誉的过程中，评级数据扮演了关键的角色。那些提供评级数据的人们也证实了以下观点：所有发达国家都不允许银行拒绝客户存款或借款。因此，与经济合作与发展组织（Organization for Economic Cooperation and Development，简称OECD）有关的历史信贷风险几乎为零，而与新兴市场银行有关的历史信贷风险（除去外部结算危机）也几乎为零。原因当然就是官方援助，也就是广为流传的“大而不倒”。

“大而不倒”银行清单

其实，考量“大而不倒”援助范围最简单的方法，就是列出金融机构的清单，这些机构的债权人可能接受政府援助。列出名字不能量化遭到错配的资源，也不能表明潜在的“大而不倒”覆盖范围（例如接受援助的债权人的比例是 100% 还是 20%），但是这种方法帮助我们确定了受“大而不倒”影响的债权人。

有关信用等级评估机构数据的讨论,其实已经提供了一份清单。在第 5 章，我们通过以下方法整理此类清单：（1）考虑全世界范围内大型金融机构资产高度集中的情形；（2）升级财政部“大而不倒”原始清单；（3）从监管者的角度估算哪些银行的结算系统行为具有“系统重要性”。这些清单表明，美国和其他发达国家的绝大部分银行资产都集中在一些金融机构手里,我们有理由相信，这些机构债权人期望因政府援助而受益。

与此类似，我们试图确定美联储董事会将把哪些金融机构认定为大型复杂金融机构。列出大型复杂金融机构，能够帮助我们厘清“大而不倒”的覆盖范围，因为美联储认为它们能使金融系统面临重大风险，从而将它们置于特殊的监管体制下。一位美联储董事会官员曾经这样说过：“通过特别关注大型复杂金融机构，监管机构致力于将负面影响最小化，而这正是银行安全网络所需的。”尽管我们不能认定，大型复杂金融机构等于“大而不倒”，但是，对大型复杂金融机构重要性的描述、对特殊监管体制的需求，以及确定大型复杂金融机构状态的规则表明，这两个概念之间存在着很大的交集。

美联储不会对外公布有关大型复杂金融机构的最新名单，但是我们能够猜测哪些机构会使用公开信息制作一份大型复杂金融机构清单。例如，以前美联储曾经公布了一些大型复杂金融机构的名称，美联储还公布了判断金融机构是否具有大型复杂金融机构特征的通用标准。评估是否具有大型复杂金融机构特征的标准包括规模，以及决策者认为与潜在的溢出效应相关的因素。此外，美联储也简要说明了大型复杂金融机构的大致数量，并指出在国内外，大型复杂金融机构已经呈现出遍地开花之势。根据这个公开的信息，我们在下面列出了具有大型复杂金融机构特征的机构（在其中我们也简单记录了我们的原始研究方法）。在我们的名单里，这些大型复杂金融机构的规模极为庞大，控制着美国绝大部分金融资产，但是这其中也有很多非传统的专业银行。在 19 家美国金融机构中，至少有 1/5 的机构主要从事与金融诉讼、信托和资产管理有关的业务活动。大型复杂金融机构名单是变动的，我们的估计也许无法与当前或过去的清单完全相同，也就是说我们的清单是一个例子。但是，这份名单和我们即将讨论的其他机构说明，潜在的“大而不倒”援助范围是相当广泛的。

TOO BIG TO FAIL
THE HAZARDS OF BANK BAILOUTS

潜在的大型复杂金融机构

美联储监管委员会成员指出，大约有 25~30 个金融机构可以被称为大型复杂金融机构（见表 3—1）。下面列出的机构至少符合以下三个标准的其中之一：

① 已经被美联储监管委员会出版物，尤其是次级债券和公司债券研究会期刊认定为大型复杂金融机构（1999）；

② 至少符合德法拉利（DeFerrari）和帕尔默（Palmer）提出的四项标准，而且经监管委员会的审核可以被认定为大型复杂金融机构；

③ 位列十大外国金融机构。

表 3—1　　潜在的大型复杂金融机构　　单位：亿美元

金融机构	呈报给美国银监会的资产总数	金融机构	呈报给美国银监会的资产总数
花旗银行	1 068	太阳信托银行	103
大通摩根	799	法国兴业银行	99
美国银行有限公司	640	国家城市股份公司	97
德意志银行	514	蒙特利尔银行	91

续前表

金融机构	呈报给美国银监会的资产总数	金融机构	呈报给美国银监会的资产总数
瑞穗金融集团	422	苏格兰皇家银行集团	91
荷兰银行有限公司	382	纽约银行有限公司	90
瑞士银行	357	美国科凯国际集团	84
美联银行	326	多伦多道明银行	76
美国富国银行公司	298	美国道富公司	73
第一银行有限公司	270	PNC金融服务集团	72
瑞士瑞信银行	255	梅隆金融服务公司	43
大都会人寿保险公司	252	加拿大皇家银行	41
汇丰银行	240	德国裕宝联合银行	40
波士顿舰队金融公司	202	德国德累斯顿银行	40
美国银行集团	168	嘉信理财公司	37
法国巴黎银行	119	农村金融服务公司	36
三菱东京金融集团	114	北美信托银行	35

分析金融危机

在过去的 20 年里，金融危机频繁爆发，而“大而不倒”在其中扮演了一定的角色。产能的大量损失，与金融危机相关的社会成本，并未直接导致普通道德风险，以及与“大而不倒”有关的冒险行为，但是，这些事件却为衡量庞大的“大而不倒”援助成本提供了一个间接标准。人们往往重点关注俄罗斯等新兴市场的危机成本，这些国家的金融危机“导致家庭收入锐减、失业率以及贫苦率的上升”。但是发达国家的危机成本，这一我们的主要关注点，也许与新兴市场持平，甚至还要高，因为发达国家金融危机的持续时间更长。通过对银行危机的系统分析，我们发现产能损失占年度 GDP 的 15%。

此外，分析家试图解释不同国家金融危机成本的差异，有些“大而不倒”援助政策明显增加了危机成本。“无限担保存款、开放流动资产支持、重复改变资本结构、紧急援助债务人和宽容性监管”与金融危机成本增加 10 倍有着密切的关系。其他跨国家分析发现，政府针对金融危机做出的援助行动并未增加经济产出，也许会导致产出下降。

债务成本所揭示的“大而不倒”援助范围

在本章开头部分，我们提到市场价格能够反映“大而不倒”的现状。如果债权人认为“大而不倒”将使他们受益，那么他们就会降低投入资本报酬率的要求。如果债权人相信，他们会得到 100% 的援助，那么他们就会认为投资是没有风险的。因此，银行债权人采用基于风险的定价方法，能够间接表明“大而不倒”援助的范围。

当分析家调查市场价格和银行冒险行为之间的联系时，他们特别关注固定收益产品，如存单或索偿权排在存款和其他负债之后的商业银行债务（所谓的次级债券和次级债务）。在美国，银行冒险行为的基本模式，能够帮助解释金融机构结算的存单利息。例如，风险衡量指标包括资产质量（例如当期不会偿还的贷款数量）和资本。从更为精确的角度来说，在与存款利率和收益相比较时，这些银行风险衡量指标的统计学意义重要得多。第二种基于市场的分析，主要考察银行发行的未经保险存单的流动数量。例如，在美国银行开始冒险时，他们似乎以牺牲未经保险存款为代价，频繁动用保户存款，接着银行力求规避债权人收取的更高费用（这种行为也预示着市场机制与监管体制相融合，对此附录 D 将予以讨论）。

最近对次级债券或债务定价的研究发现，金融机构风险特征与收益风险特征之间存在一定的联系。在分析了 1983—1991 年的数据后，分析家发现了次级债券和债务定价基于风险定价方法的依据，过去 3 年的样本数据分析出了很好的结果，对当前数据的分析也能够证实这个结果：金融机构所持资产的风险，与金融机构发行次级债券或债务结算的初始价格之间存在某种联系，资产风险特征影响金融机构发行次级债券或债务的决定。此外，分析家还对其他国家的存款定价和数量的变化展开了相同的研究，并得出了类似的结论。在分析市场价格的过程中，分析家至少得出两个结论。

第一个结论认为，决策者能够采取行动减少“大而不倒”援助，对此我们表示认同。在 20 世纪 80 年代末和 90 年代初，次级债券或债务的流行至少展现了银行冒险行为中的一些定价方法，这确实是一个新颖的发现。先前的分析并未发现基于风险的定价方法，这就说明在 20 世纪 80 年代末和 90 年代初，债权人感受到的损失风险明显大于其他时段。尽管我们仍然相信，其他趋势也能够说明日益严重的“大而不倒”问题，我们怀疑债权人是否确信他们将会受到“大而不倒”援助，并因此停止考虑定价风险。

第二个结论认为，“大而不倒”援助无法与基于风险的定价方法同时存在，对此我们不敢苟同。这些分析家发现的证据表明，“次级债务市场的参与者相信，他们的投资并未受到任何显性或隐性援助的影响。”债权人相信，他们即将受到的援助使他们能够立刻使用自有资金，显然基于风险的定价方法无法与债权人的观念兼容。

但由于其固有的含蓄特性，对“大而不倒”援助的期望并非总是那么的坚定。有时援助不会到来；有时援助范围不会与债权人所要求的本金和利益完全吻合，资金也不会立即移交给债权人。即使债权人有较大的机会获得其他额外的援助，他们仍然具有定价特定风险的动机。实际上，只有比较现有价格与非援助情况下的价格，我们才能根据这个方法确定此类援助的存在范围。在讨论基于风险的定价方法时，我们所引用的论据与这些论点截然不同。

即使储户有接受援助的法定权利，他们也会根据银行的冒险行为对存款进行定价。如果债权人对政府援助抱有疑问，即使接受援助是一项法定权利，他们在做出决定时也将考虑银行的冒险行为。这个结果说明，如果政府希望降低与“大而不倒”有关的成本，那么他们就必须制定可信的政策并将债权人置于风险之中。债权人知晓风险的信念越强烈，他们对银行的监管就越有效，银行高管才能更有效地依据市场数据评估银行的冒险行为。在本书的下半部分，我们将重返这个主题，但是在此之前，我们首先回顾“大而不倒”的基本原理以及“大而不倒”援助范围日益扩大的趋势。

TOO BIG TO FAIL

THE HAZARDS OF 04 BANK BAILOUTS

为什么援助“大而不倒”债权人

如果债权人对“大而不倒”援助充满期望，将会遭受重大的损失。仅仅公开这个事实，但却忽视提供“大而不倒”援助的动机，将无法阻止决策者真正解决这个问题。如果理性的决策者能够系统地采取行动，并就“大而不倒”援助做出决定（我们也相信他们确实这样做了），那么此类援助的收益将超过成本。这种观念表明，阻止“大而不倒”需要降低收益或增加成本，并采纳我们有关“大而不倒”问题的建议。

我们首先描述了三种主要动机，它们都能够驱使政府向金融机构债权人提供援助。尽管这种方法有点偏向机构分类，但是这些动机并不是相互排斥的。首先，决策者认为如果他们防止金融系统动荡，并阻止溢出效应蔓延到其他经济部门，所产生的收益将势必大于援助成本。简而言之，决策者相信“大而不倒”援助维护了宏观经济的稳定。尽管我们也考察了其他两种解释，但是我们相信，担心出现溢出效应就是提供“大而不倒”援助的最佳原因。

其次，决策者也许会保护银行债权人，因为这样做能够将个人利益最大化。在这种情况下，决策者从自己的角度出发权衡收益和成本，这与整个社会所面临的成本和收益完全不同。如果决策者向大型银行债权人提供援助，即使从整个社会角度来看此类援助是不正当的，这样做也能使决策者的仕途更上一层楼。

最后，决策者也许认为政府影响信贷分配，有利于维护长期社会福利。如果银行不能及时履行为州政府提供资助的义务，为了保持信贷分配的可行性，政府就不得不保护债权人。在决策者看来，信贷分配和援助债权人所产生的长期收益超过了道德风险成本。

在本章的末尾部分，我们提出在不同的援助时间和地点下，解释针对债权人的援助范围的过程中，这三种动机至少都扮演了一定的角色。针对这三种动机，我们分别提供了不同的建议，但是我们仅用很少的篇幅讨论了信贷分配动机，因为这是由政府中央计划所决定的一个问题。在援助“大而不倒”债权人的过程中，个人动机发挥了一定的作用，所以我们认为它的重要性明显低于对溢出效应的忧虑。在我们看来，政府不会显著减少“大而不倒”援助的范围，除非决策者相信他们能够使大型银行债权人遭受损失，而且还不会产生显著的溢出效应。我们认为决策者能够这样做，并力求通过降低溢出效应的威胁消除道德风险，对此我们提出了大量的建议。

宏观经济的影响

在我们看来，决策者尤其会援助濒临破产的银行债权人，减少损失产生的溢出效应，并显著降低其他银行破产的概率。决策者希望通过防止金融系统的溢出效应，阻止国民经济产能的显著下降。我们的经验表明，多数决策者相信他们的担忧是合法和不言而喻的。当然他们的观点与众所周知的结论紧密相连，但是由于我们希望我们的改革能够针对援助的关键动机，因此我们就决策者的顾虑提供了更多的细节。

有些经济学家认为，决策者对溢出效应的担忧主要集中在有限的几点上，所以无法证明提供特别援助是否是正当的。这种观点对溢出效应的正当性提出了疑问，所以我们在讨论决策者的顾虑后再分析这个观点。此外，如果这个观点令人信服，那么它应该使决策者相信，不应该以防止溢出效应的名义援助债权人。但是在分析了这个观点后，我们认为决策者不认为它是令人信服的，所以我们提供了一系列直接针对溢出效应的建议。

决策者的逻辑

决策者解释了他们对溢出效应的忧虑（尽管我们知道他们不会使用与我们相同的术语）。首先他们提到，即便是最著名的超级金融机构，也会陷入严重的金融危机，而且他们的存活概率较低。银行因为糟糕的情况而最终破产，这也会导致其他银行迅速失去业务。决策者意识到，银行不能在短期内偿还所有债权人的投入资本，因为银行资产很难迅速处置，而很多负债却可以在必要时予以追回，因此债权人具有抢在别人之前收回资本的强烈动机，而末位债权人可能什么都得不到。决策者经常提及维护金融稳定，在讨论针对银行破产的解决方法时，避而不谈具体的措施以及可能产生的恐慌情绪。

接着，决策者认为一家银行倒闭可能殃及其他银行，他们的讨论集中在风险传输的渠道。在最直截了当的案例中，金融机构可能存在不安全的风险敞口，如出售联邦基金或期权等。首先，如果一家大型联邦基金购买商倒闭，那么这些基金承销商就无法及时收回资本，这样就减少了他们的资本，最终可能导致资不抵债。其次，如果一家金融机构在结算生效之前破产了，那么结算系统里的债权人只能卖空，他们也会缺少资金而且可能对下游的债权人产生瀑布效应。

此外，在“9·11”恐怖袭击事件之后，公共决策者开始意识到，只有少数银行负责处理超大规模的结算业务（尤其是与证券交易有关的结算行为），结算银行破产将使其他机构步履维艰。如果货币政策的主要方面，如国库券的交易，主要依赖于中央银行或财政部与银行的互动，那么中央银行肯定害怕结算银行倒闭。这样一来，如果执行关键金融交易的银行被允许破产，那么至少在短期内，中央银行在干预金融市场和执行货币政策目标时将面临严峻的挑战。这些重要银行的债权人也许认为中央银行将会援助他们。

决策者也关注银行的共同风险敞口。如果银行遭受了相同的损失，那么将有很多银行变得脆弱不堪。由于向发展中国家提供借款，20 世纪 80 年代末很多美国的大型银行都面临资不抵债的困境。共同风险敞口不仅使很多银行不得不承担实际损失，而且在银行濒临破产的消息公布后，债权人也变得将信将疑。如果在能源产业或拉丁美洲国家贷款上存在过量的敞口，那么银行就会资不抵债，银行债权人就开始关心具有类似敞口的其他金融机构。也许其他金融机构比较健康，但是债权人仍然可能迅速撤出资本（或直接接管银行），如果难以评估金融机构的偿付能力，债权人更会做出这样的行为。目前人们普遍认为，银行持有的资产，特别是债务，对外界人士都是不透明的，而他们很难确定银行的价值或偿付能力。在决策者的眼里，恐慌是实际存在的。

最后，一家大型银行或特别重要的银行倒闭，或是银行连环倒闭将产生溢出效应，会严重挫伤实体经济行为。通过观察银行在日常经济运作过程中所扮演的重要角色，决策者认为缺少这些银行将产生不可估量的后果。如果银行系统被冻结，那么借贷、结算以及其他银行业务将无法正常开展。很多公司依靠银行获得短期贷款，充分利用银行提供的授信额度。如果银行系统冻结，那么日常融资（也就是短期流动性）所需要的媒介将悉数消失。同样地，银行在允许非金融机构管理风险的市场上，承担关键的角色。在现金管理方面，银行业扮演了关键的管理角色，允许公司更有效地付款，因此银行破产将减少或拒绝向公司提供基本服务。

在这种背景下，决策者也注意到，银行系统不稳定对可获得信贷的影响。通过暂缓提供新贷款给公司和家庭、收回现有贷款以及普遍收紧信贷期限和条件，银行能够应对金融系统危机和自身经营状况的恶化。由于中小公司没有其他融资渠道，所以银行信贷收紧反过来迫使它们降低扩张速度，至少降低产量和招聘人数。如果这些问题变得愈发严重和普遍，将对宏观经济产生重大的负面影响。

对决策者而言，从担心出现溢出效应转移到援助债权人，是一个实质性跳跃。援助濒临破产的大型银行债权人确实提供了明确的信号，这样其他银行的债权人就没有足够的理由撤出资金。援助债权人也改变了政府对濒临破产公司做出整体回应的本质。与寻求破产清算以及发挥市场力量的作用不同，援助债权人表明的是与持续经营有关的承诺。政府援助的目标，是允许破产银行继续提供核心服务。

对决策者逻辑的反应

决策者认为金融动荡威胁经济，所以援助债权人是合适的。我们发现有两个潜在的方法，能够对决策者的理念做出反应。我们的方法首先关注这些忧虑的表面价值，接着我们关注哪些改革能够帮助阻止溢出效应在金融业和其他经济领域里蔓延。

一个著名的分析家团队采用第二种方法，他们综合分析溢出效应问题及其背景。根据这些分析家的观点，溢出效应的威胁被严重夸大了：分析家可以通过分析决策者推理的过程，改变他们的行为。

我们发现替代性观点提出了几个很有意义的问题。它提供了一些有关夸大溢出效应的特别案例，并对援助产生的收益表示怀疑。但最后我们认为，替代性观点并未提供有说服力的例子，无法使决策者放弃他们对溢出效应的担心，因此我们简单介绍替代性观点无法降低“大而不倒”援助的可能性。

替代性观点

替代性案例是一个连贯的故事。首先，一家银行破产几乎没有给债权人带来重大损失。“大而不倒”援助的原型，伊利诺伊大陆国民银行就能证明这一点。事后的金融分析记录表明，伊利诺伊大陆国民银行的破产并不会使所有代理银行（委托伊利诺伊大陆国民银行管理他们的短期资金和其他业务的银行）丧失全部金融实力，所以不会导致任何一家银行破产。而当时的决策者认为，提供“大而不倒”援助的原因是伊利诺伊大陆国民银行的破产将使其他大约 200 家代理银行面临很大的风险。

其次，决策者误解了有关金融行业危机的历史记录。在恐慌时期债权人从银行撤出资金，是因为银行金融实力虚弱，理应迅速关闭。银行混乱的状况并未如决策者所预计的那样扮演了危险的角色，有很多历史案例可以证明这一点。例如，在美国大萧条期间的芝加哥，金融实力雄厚的银行债权人与金融实力脆弱的债权人之间出现分歧，而 19 世纪美国金融恐慌时代的债权人也出现了相同的特征。最近通知合伙人退伙的增多也说明，政府需要提供援助。对在长期资本管理公司和其他遭受金融或货币危机的国家拥有敞口的银行而言，接受援助后证券价格出现了变化。在接受援助后，那些没有风险敞口的银行证券价格并未变化，这就说明在不同的危机时刻，银行的市场参与者也出现了异化。因此，替代性观点试图重新计算某些案例的成本和收益，而在这些案例中，因为债权人的行动，很多银行几乎同时破产。快速简短的瓦解过程淘汰了很多经营不善的竞争者，使银行逐渐规范并准备应对未来敞口，金融恐慌仅仅是“看不见的手”的一种形式。

替代性观点的另一方面，讨论了溢出效应从金融业蔓延至其他实体经济的可能性。这种观点的支持者普遍认为，标准的溢出效应故事完全颠倒了事实。实体经济动荡把脆弱的银行逼得走投无路，但银行的问题并未直接导致经济遭受重大损失。即使金融动荡首先来临，这些分析家也质疑银行破产是否是经济紧缩的直接原因。最后，替代性观点提出，在出现动荡局面后，除了金融援助之外，决策者能够向债权人提供更有效的工具，中央银行能够向那些对抗溢出效应的健康银行提供金融贷款。如果能够有效管理附属担保并评估借款人的金融实力，那么银行应该能够偿还贴现窗口贷款。在这种背景下，贴现窗口借贷所产生的道德风险应该低于援助债权人所产生的道德风险。此外，中央银行开放市场措施，也能够为金融业注入更多的流动性。

替代性观点的失败

我们对“告诉决策者实话”这一方法的某些方面深表遗憾。对历史的分析使这场辩论更加明朗，表明我们的建议更具启发性，加深了我们对“大而不倒”援助净成本的理解。此外，银行债权人遭受的直接损失相对较小这一事实表明，增加债权人的流动性（拍卖破产银行的资产），能够帮助应对溢出效应的威胁。我们同样强烈认同评论家的底线：决策者应该对援助债权人持怀疑态度，除非一家大型银行破产对经济形成重大的威胁。

但是我们发现这个方法未通过最后的检验：它并未改变决策者的行为和债

权人的期望值。问题在于：在检验了评论家提供的证据后，我们认为决策者仍然无法确认一家大型银行破产对宏观经济产生的潜在影响。在听取了有关替代性观点的辩论后，多数决策者仍然认为一家大型银行破产能够对经济产生显著的威胁。

在几个方面，替代性观点都未能说服决策者，例如，决策者的直觉与金融系统理论模型有着很大的相似性。备受尊敬的主流经济学理论认为，银行挤兑是有可能的，这些挤兑可能导致恐慌，金融系统的普遍紧缩使实体经济产生很大的应对成本。此外，很多经济学家建议将政府援助视为防止动荡的一种方式。最近“大而不倒”援助的经济模型特别关注银行间敞口，也是决策者的忧虑所在，因为这可能导致破产浪潮四处蔓延。

在另一个例子中，经济理论和经验主义证据表明有些公司依赖银行获得资金，所以它们在寻找其他资金来源时将面临极大的困难。此外，在以往的金融危机中，发现传染性效应和溢出效应证据的学者也评论了这些替代性观点。他们的历史教训表明，银行破产能够给宏观经济带来庞大的应对成本。对最近有关系统风险的经济学文献所作的精确检阅中，未出现支持“无需担心传染性效应”这一观点。例如，文献作者最后得出结论，当前研究不能确定金融系统的传染性效应，是否是由脆弱的金融系统导致的，抑或意味着有效淘汰了脆弱的金融机构。此外，学者们还指出，至今仍未出现对金融产业以及从金融业到其他实体经济产业，如外汇或证券清算系统间的风险转移方式进行的合适的经验主义研究。

即使分析家认为替代性观点正确评估了过去的事件，如今决策者也未必认为这个观点引人注目。其中一个问题就是样本规模，并没有足够的历史案例使决策者自信地认为，传染性效应并不是一个潜在的严重问题。此外，决策者能够适度地引述金融机构、法制环境、技术以及当前和以往金融援助的不同特点。重要金融机构的情形也有所不同。

一些“最新”传染源的例子也许能够帮上忙。“9·11”事件之后，决策者特别重视鉴别在大型金融市场证券交易中，扮演关键角色的极少数银行所产生的威胁。在过去的十几年里，决策者对大型金融机构支配衍生市场比较敏感，如果其中一家金融机构陷入金融困境，那么对应的衍生市场参与者不得不清算头寸，并建立新的头寸。清算支持衍生品合约的抵押物将导致非流动市场倾销资产。清算资产将贬低资产的价值，使得人们担心持有大量此类资产的金融机构将遭受重大损失。如果公司持有这些贬值资产，那么为了避免此类事件的发生，债权人就会撤出资金，不同市场参与者履行债务风险的总体欲望将会直线下降。

我们认为与衍生市场类似的市场，能够产生“新形式”的系统风险，但我们意识到有些分析家也许反对这个想法。有些专家认为，衍生市场私营机制（如票据交易所）能够有效管理对系统风险的忧虑，但是相关的历史案例与这一观点相悖。如果一位专家称赞在防止破产的过程中，自我监管的私营公司所扮演的历史角色，那么另一位专家就会提到，在 1987 年股市大崩溃的过程中，芝加哥期权结算有限公司（Options Clearing Corporation in Chicago）要求中央银行进行干预，以保持票据的可流通性。在决策者看来，这似乎是新威胁，提出相反的主张也不太令人放心。

与替代性观点的鼓吹者类似，我们认为贴现窗口，甚至公开市场操作是应对破产银行威胁的有效工具。但是在过去的一些情形下，决策者并未使用这样的工具，他们极少将其推崇为替代“大而不倒”援助的严谨工具。所以，即使本质上是正确的，我们也认为它不会导致行为的变化。为什么决策者不使用其他工具替代援助呢？其中一个可能的原因是，在一家大型银行破产时，即使拥有银行监管机构提供的内部信息，中央银行也未必相信自己能够区分有偿付能力和没有偿付能力的银行，或正确评估担保物的价值。如果一家濒临破产的银行的担保物不足以偿付债务，那么中央银行也许就会避免提供贷款。

决策者也希望使用一种能够保护破产银行的工具。如果银行终止提供结算和清算等服务，将会产生很大的成本，那么决策者更加可能做出这样的反应。在这些情况下，中央银行的替代工具也许帮不上忙。一些重要的金融机构濒临破产，也会出现类似的问题。现实已经证明，几家重要金融机构无力偿还债务将对经济产生毁灭性影响，客户做出调整并寻找其他信贷和服务来源的时间极为有限。此外，几家大型机构同时破产将严重打击人们的信心，因此需要政府援助，以便重建稳定的金融局面。

由于替代性观点的失败，我们采用另一种方法，也就是自下而上的工作方式探讨决策者的忧虑。如果特殊改革能够通过立法程序审查，就能够降低溢出效应的风险，决策者就会对降低风险充满信心。在介绍了这些改革内容后，我们相信决策者更有可能使债权人承担损失，因为他们将认识到，溢出效应的威胁已经降低了。

尽管担心经济动荡是“大而不倒”援助的主要动机，但还有其他合乎逻辑的决定依据。有些分析家相信，决策者基于自身的担忧而提供援助。在他们看来，个人动机而不是对社会成本和收益的忧虑是“大而不倒”援助的重要推动力。

个人利益

当公共决策者面对一家大型复杂银行破产的情形时，他们俨然具有一副代理人的模样。尽管仅仅有利于完善理论，但我们还是认为值得研究政府机构的被代理人角色。有人认为政府机构代表储户的利益，这些人的显著特点是不够精明而且资产很少，因为政府保护银行债权人已经变得习以为常，它影响整个社会组织，也就是公民或纳税人的福利。在理想状态下，决策者代表这个较大的组织行事。

但是决策者有时更多地扮演自由代理人的角色。这样，为了将个人利益最大化，他们也许会援助大型银行债权人。除了贪污腐败，决策者都希望谋求个人威望的最大化：或在职业上飞黄腾达，或过低压力的生活，所以他们也许（故意）不以整个社会的最佳利益作为行动的准则。例如，决策者试图与被监管实体勾结，推迟扩大就业或避免劳资冲突。

决策者谋求个人利益最大化的事实，使得“大而不倒”援助的可能性更大。尽管我们认为这个动机与担心溢出效应具有相同的重要性，但是至少它在援助中起了一些作用。其中一个原因，就是决策者放弃执行某些规定，也就是不在金融业及时实施安全合理的标准体系。在极端情况下，政府拒绝关闭无法偿还债务的银行，允许这些病怏怏的金融机构继续开展业务，尽管它们的金融状况已经很糟糕了。如果决策者并不放弃规定，而是严格执行合理安全的规定，那么它们就会与利益集团（包括合规银行）相冲突，这就会严重阻碍决策者个人利益最大化的进程。

如果一些决策者放弃执行某些规定，那么他们的竞争力甚至会高于执行这些规定的决策者。执行也许意味着银行破产倒闭。对糟糕的银行表现及时做出回应，反而会导致机构破产，因为问题是不允许越积越深的。决策者的工作目标含糊不清，局外人无法评估他们控制的资源，所以只能通过可视的外部结果，如银行破产来判断金融业决策者的工作。如果当前没有出现机构破产的情况，就说明他们非常出色地完成了工作任务。

放弃执行规定的最知名案例，发生在美国储蓄和贷款危机之中。国会通过法案，允许破产公司继续营业，健全的监管机构并未关闭没有生存能力的金融机构。因为没有执行相关规定，几百家小型金融机构都推迟了破产倒闭的时间。

金融机构生存危机说明，没有执行规定与“大而不倒”援助并没有必然的联系。也就是说，在一家大型银行破产时，通过减少决策者的选择，使援助“大而不倒”银行债权人的可能性变得更大。尽管放弃执行规定的吸引力是真实存在的，但是有时决策者也意识到金融问题是无法修复的，必须开始执行规定。放弃执行规定可以增加一定的存活时间，但是往往非常短暂。与那些具有较多净资产的银行相比，一家严重资不抵债的银行会给债权人带来更大的损失。

决策者认为，债权人遭受重大损失是金融系统和宏观经济动荡的催化剂。为了防止类似的溢出效应，决策者也会发现，在经历了放弃执行规定的延长期后，进行援助成为他们的必选。最近日本政府援助大型金融机构债权人的例子，包括 2003 年 5 月援助理索纳金融控股集团（Resona Holdings），都与“大而不倒”和放弃执行规定有关。放弃执行规定实际上允许大型金融机构继续营业，并使其参与更多的冒险行为，当金融机构仍有净资产时，政府不会令其关门倒闭，于是就损害了纳税人的利益。这还意味着，其他稳健经营的金融机构会遭到来自本应破产倒闭的金融机构的竞争压力。资源错配的程度愈发严重，因为这些濒临破产的机构继续经营，吸收资金并豪赌较高的回报。

一家大型金融机构的高层将 20 世纪 80 年代的美国金融危机描述为“在不作为方面进行竞争，并与其他糟糕透顶的竞争者抢夺定价和信贷的话语权。”在这位银行家看来，政府大量援助脆弱的金融机构只会加剧这种不公平的竞争。

除了放弃执行规定之外，增加个人利益的欲望也使“大而不倒”援助成为可能，决策者的目的就是提高自身威望。也许与我们一样，决策者也开始相信，立法者和政府执行官员希望限制金融行业的脆弱性。当选官员也意识到可能出现金融动荡，但是他们理性地希望金融动荡发生频率较低，而且不在他们的监管范围之内。无法防止或阻止金融动荡局面,可能使公共决策者成为罪人。如果拒绝援助债权人并导致金融业的动荡，哪怕持续时间很短，也会对公共决策者的威望产生毁灭性的影响；与之相比，援助大型金融机构债权人，从而扩大安全保护网并限制市场力量发挥作用，所产生的影响就显得微不足道了。

我们试图强调个人利益在“大而不倒”决策中的作用，对此一位评论家很好地总结了我们的观点：

> 纳税人遭受损失的根源，并不是存款保险契约风险管理控制结构方面的缺陷。关键问题是，在艰难的时刻和棘手的案例中，动机冲突迫使政府官员不执行合同中已做规定的承销标准、保证金限额和收购权利。政治和官僚公信力的长期缺失，是存款保险混乱局面日趋严重的根源。最严重的问题是，由于相关政治家和官僚的短视行为和相对狭窄的职业利益，在面对日益扩散的行业破产问题时，掩盖证据并放弃执行相关规定似乎成为他们理性的反应。这就使监管者使用自身判断力掩盖出现的问题，并推迟进行痛苦的改革措施。

为了终结存款保险混乱的局面，当局必须更加现实地了解高管面临的诱惑以及各种市场交易：在市场上放弃执行法律法规和规章制度将带来很多诱惑；在放弃执行如“大而不倒”相关的政策时，当局声称害怕挤兑风潮严重摧毁宏观经济，但是我们认为，很多政府官员真正害怕的是丧失“施加影响的权力”。

这些分析家为何支持从个人动机的角度，分析援助“大而不倒”债权人的原因？因为他们主要关注决策者的假设行为和实际行为之间的相似性（以及监管行为的理论模式）。在他们看来：

① 在援助美国债权人这一方面，放弃执行规定似乎已经起了重要的间接影响，这种情况在日本可能更加明显。

② 在暗中破坏改革的过程中，自我判断的影响显而易见，而且有些决策者在第一时间就竭力阻止改革的进行。

③ 许多有关美国和日本金融危机的公共信息容易使人误解。

信贷配给

有些国家的政府具有配给信贷的传统，如直接通过政府所有或政府运营的金融机构，或鼓励私人投资者投资特殊企业。在一些国家，这种政策可能促使政府援助大型金融机构债权人，但是我们仅仅简要分析了这种动机，因为与它有关的一系列问题超出了我们的关注范围。

最近世界银行提到，很多发展中国家的金融条例并未致力于维护金融安全和金融稳定，反而成为迫使银行放贷给特定借款人的工具，这就反映了信贷配给的潜在影响势力。如果一个国家的私人市场服务相对不完善，那么决策者就会将信贷分配给在经济增长过程中扮演重要角色的行业或公司。如果决策者的目的是大肆敛财，那么选择的特定借款人就是特定公司。如果通过特定公司的所有权利害关系将信贷分配至相关行业，那么决策者及其亲信和家人就是受益者。

政府信贷配给可能要求银行承担风险，但如果银行知道其目标是使决策者及其亲信受益，那么银行根本不愿承担风险。如果信贷配给的内在风险比较严重或者被错误定价，那么政府的行业政策将使金融机构不良资产大幅增长。不良资产会侵蚀资本和储备，导致机构资不抵债并最终破产。糟糕的信贷配给系统使银行债权人遭受了损失，因此在未来，债权人不会继续承担额外的损失，否则他们就会要求更高的损失补偿。鉴于债权人很难判断支持行业政策需要提供多大的借贷规模，停止借贷似乎是一个迫不得已的选择。

在这种情况下，政府必须利用税收支持信贷配给，或者寻找方法吸引私人资本。保护债权人免遭损失这个选择也许能够打动决策者，因为这是保持信贷供给最简单的方法。这种保护使得政府能够以相对较低的直接成本，获得信贷配给的资金源泉。如果终止信贷配给政策，那么出于威望和宏观经济方面的原因，政府在是否取消援助的问题上将面临艰难的抉择。如果决策者致力于配给信贷，那么他们就是在冒险，我们怀疑这些官员是否愿意面对金融机构破产，因为他们往往寻找方法避免关闭资不抵债的金融机构。

评估行业政策和信贷配给与援助大型金融机构债权人的关系很具挑战性，因为很难估计信贷配给政策的真实性和重要性。从理论上来说，政府也有可能通过信贷配给为经营状况良好的行业注入资金，帮助他们偿还贷款。也就是说，对行业政策的历史学和经济学分析表明，至少一些国家的行业政策与“大而不倒”援助有着密切的关系。与行业政策有关的目标，帮助解释了日本债权人接受大量援助的原因。此外在东南亚新兴国家，裙带资本主义在“大而不倒”援助中扮演了重要的角色。

援助动机的相对重要性

我们在本章已经分析了导致决策者保护大型金融机构债权人的三大动机。通过确定援助债权人的动机，我们根据不同阶段确定改革措施来降低援助的频率和范围。尽管有人贬低这些动机的重要性，但我们认为在做出援助决定时，所有动机都起了一定的作用。因此，我们的一系列改革措施覆盖了所有的节点。与此同时，在设计改革措施时，我们并未给予所有动机相同的重视。

信贷配给

尽管我们已经讨论了“大而不倒”援助背景下的行业政策和信贷配给，但是我们意识到它容易令人误解。通常，我们根据一系列有意义的中央计划，完整地描述宏观经济。如果国家已经将金融机构破产成本，以及经济活动产生的其他成本和收益全部社会化，那么这些国家的“大而不倒”援助本身不会产生问题。对于坚持中央计划安排的（不发达）国家来说，针对“大而不倒”管理问题进行改革似乎为时尚早。如果政府官员按程序分配信贷，能够帮助解释“大而不倒”援助，那么这些国家应该考虑推行根本改革，建立基于市场的可生存系统（参考第 8 章）。

我们并未依赖信贷配给基本原理解释“大而不倒”援助的原因，对此我们深感欣慰，因为历史趋势表明，政府干预将因其内在缺陷归于失败（我们也意识到这样的系统变革可能需要持续几十年）。有一种观点认为，指导性信贷所产生的成本明显大于收益，随着时间的推移，这种观点逐渐占据主导地位，而现在东亚国家信贷配给并不光明的前景似乎也印证了这一点。

个人利益和经济内涵

在判断决策者个人利益的过程中，我们也面临一些挑战，因为费用通常具有很强的主观色彩，一般而言，这种动机似乎与大量复杂案例中的行为相吻合。如果改革能够降低决策者放弃执行规定，并最大化个人利益的可能性，并同时维护全社会的利益，那么我们就会支持此类改革，其中包括，在联邦预算中更精确地解释显性和隐性援助（第 8 章），并限制监管者使用任意决定权（第 9 章和第 10 章）的改革措施。但是，完全依赖个人动机解释“大而不倒”援助的原因，似乎显得过于极端，所以这是错误的。系统风险使决策者追求个人利益的行径合理化这一观点也过于极端。

实际上，即使已经解决了个人动机问题，我们仍然相信债权人对“大而不倒”援助的期望会给社会带来实际成本。在我们看来，决策者确实担心溢出效应会拖垮实体经济，进而导致经济活动减少和就业率的下降，因此他们认为在面临潜在的破坏性风险时，援助债权人是稳定金融系统和宏观经济的有效措施。尽管我们建议通过改革应对所有类型的动机，但是如果能够控制其中任何一个动机，就应该选择改革，这样才能缓解决策者对溢出效应的忧虑。

金融风险溢出并使经济活动减弱的情况，使决策者熬夜加班研究对策，据我们的经验判断，这就是导致“大而不倒”援助最重要的因素。诚然，我们根据“直觉和经验”，而不是经验主义与证据，对这个相对问题做出了最终的评价。但我们始终坚信，金融决策者不会因为金融业问题威胁实体经济而承担任何责任，而且他们相信自己拥有阻止严重溢出效应的有效武器。在决策者看来，保护经济活动的繁荣稳定所产生的收益远远超过道德风险和长期成本，对此我们深表怀疑。如果希望控制“大而不倒”，就需要解决收益成本不均衡的问题，那么限制“大而不倒”期望应该是首选方案，因为问题变得愈发严重，对此第 5 章将做详细地分析。

TOO BIG TO FAIL

THE HAZARDS OF BANK BAILOUTS

05

为什么“大而不倒”援助在增长

以下三种事态的发展使得越来越多的金融机构债权人相信，他们将受益于“大而不倒”援助，而且这种援助即将来临：

① 金融资产集中度越来越高。

② 金融业务和行为愈发复杂，新技术使得监管面临挑战，支付结算行为更加集中化。

③ 某些政策决定，如大量显性援助。

我们已经注意到了“大而不倒”援助问题的严重性，但是有些观察家分析了过去15年的历史，发现债权人对“大而不倒”援助的期望反而有所下降。他们特别指出，1991年《联邦存款保险公司改进法案》已经显著降低了政府援助大型金融机构债权人的概率，以及人们对“大而不倒”援助的期望值，但是我们认为这种改革并不会阻碍上述三种事态的发展，也不会从根本上真正解决“大而不倒”问题。

行业结构

金融结构变化的主要趋势，与人们对溢出效应的深重忧虑有着密切的关系，因此“大而不倒”援助的范围更加广泛，而且不确定性明显降低。首先，大型银行的规模愈发地庞大，形成新的大型银行。其次，越来越多的银行满足最低门槛，这样决策者就有可能将他们的债权人视为“大而不倒”援助的潜在接受者。

大型银行

在过去的10年里，很多发达国家的大型银行在本国增持了金融资产（这与20世纪80年代的情况恰恰相反）。即使这些国家的金融系统已经高度集中（见图5—1），这种趋势仍在继续。大型银行的庞大规模使得债权人更加自信地认为，如果他们的银行濒临破产，政府就会给予援助。

世界大型银行间金融资产的分配也表明，大型银行持有更多的金融资产。随着时间的推移，十家最大的银行所控制的集团总部资产有所增加，其中不动产增长比例最大（见图5—2）。最后一个显著趋势与他们的所属国家有关（见表5—1），一些接受国家控制、政府支持和“大而不倒”援助的国家如日本，以牺牲其他国家的利益为代价控制大量的资产。实际上，这些趋势也许有意识地淡化了金融系统较高的集中度，因为我们仅仅根据金融机构公布的资产负债表测算金融机构的规模，而大型银行也大量开展表外业务。

最后随着大型机构数量的减少，现存机构之间的相互依赖度已经有所上升。为了节约成本并充分利用自身规模，大型金融机构仅仅开展大手交易，这将有效限制生意伙伴的数量，也就意味着一家大型金融机构破产将对其他大型金融机构的偿债能力产生（负面）影响。与这个观点保持一致的是，1995 年以来，投资者似乎认为大型复杂金融机构之间存在非常广泛的联系纽带。分析家认为，在大型银行之间的联系逐渐密切的过程中，大型复杂金融机构之间的合并起到了一定的作用（对欧洲大型银行所进行的类似分析并未表明他们的相互依赖度有所增加，但这个结果也许反映了相互依赖度较高这一现实）。

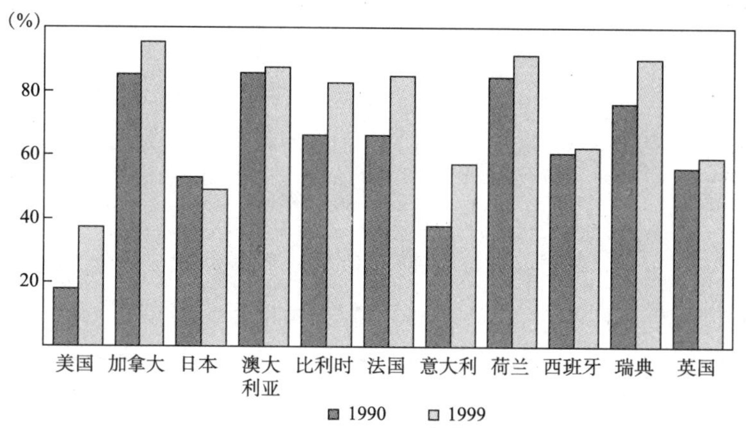

注：意大利的数据是 1992 年和 1999 年的。英国、瑞典和西班牙的数据则是 1990 年和 1998 年的。

图 5—1　1990 年和 1999 年十大超级金融机构所持有的金融资产

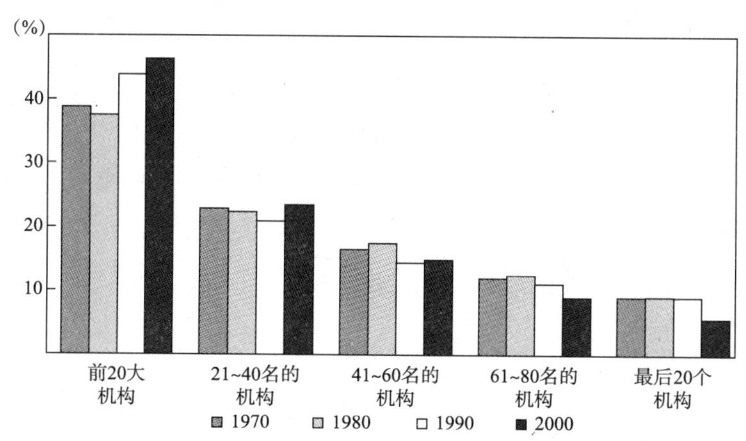

图 5—2　1970—2000 年 100 个大型金融机构所持有的资产

表 5—1　　1970—2000 年 100 个大型金融机构的所属国家　　单位：10 亿美元

1970			2000		
地区	资产	金融资产比例（%）	地区	资产	金融资产比例（%）
美国	1 003	33	日本	5 274.00	19
日本	515	17	德国	4 358.00	16
德国	284	9	美国	3 966.00	15
意大利	280	9	英国	2 613.00	10
英国	262	9	法国	2 441.00	9
加拿大	182	6	中国	1 511.00	6
法国	160	5	瑞士	1 268.00	5
瑞士	84	3	荷兰	1 204.00	4
荷兰	58	2	意大利	969.00	4
奥地利	40	1	加拿大	825.00	3
巴西	36	1	比利时	789.00	3
西班牙	36	1	西班牙	605.00	2
比利时	31	1	瑞典	530.00	2
瑞典	27	1	澳大利亚	466.00	2
中国香港	18	1	丹麦	170.00	1
南斯拉夫	13	0.4	爱尔兰	74.00	0.3
			巴西	71.00	0.3

越来越多的金融机构达到“大而不倒”的最低门槛

随着大型金融机构规模继续扩大，我们相信更多的金融机构将达到“大而不倒”的最低门槛。我们意识到这样的主张是定性的，而且鉴于“大而不倒”援助的隐性特征，结论的得出在很多方面都依赖推理，但是美国的经验主义数据支持了我们的观点。如第 1 章所述，美国财政部长在伊利诺伊大陆国民银行破产听证会上的证词表明，如果 11 个大型金融机构破产，那么他们的债权人将期望获得更大规模的援助。在第 3 章，很多经验主义研究引用上述证词和机构清单，来评估“大而不倒”援助的真实性。

我们使用相同的机构清单估计特定金融机构的数量，因为他们的债权人也许相信他们能够获得“大而不倒”援助。在财政部长做出证词的时候，第 11 大金融机构拥有 430 亿美元的资产（以 2001 年美元价值计算）。我们认为这个数额代表最低门槛，这时“大而不倒”援助开始影响债权人的行为（见表 5—2）。在这个前提下，20 家美国银行的债权人相信，他们能够受益于潜在的“大而不倒”援助，如同 2001 年第三季度一样。①

其他 7 家银行没有达到门槛，因为他们的资产低于 100 亿美元。这 20 家银行持有美国 54% 的金融资产，而先前旧清单上的 11 家银行仅仅控制 27% 的金融资产。也许有人认为，“大而不倒”金融机构数量逐渐增多这一趋势仅仅适用于美国，但是这个观点无法安慰决策者。多数国家不会仅仅因为资产集中度很高，就接受更多的“大而不倒”机构。

为什么更大并不等于更好

与我们的讨论相比，有些分析家认为金融机构规模越来越庞大，反而降低了“大而不倒”援助的可能性。他们认为，大型金融机构的危险性低于中小金融机构，因为大型机构拥有更加多样化的有价证券组合。在美国历史上，限制地区业务导致机构规模越来越小，从而易受一个行业或地区经济低迷的影响。只要新式的大型金融机构不受地区限制的束缚，破产的概率就会明显降低。如果这些机构提高业务效率，并拥有创造更多收入的能力，破产风险也会随之下降。大型金融机构的经理们和其他观察家已经证明，收入和成本因素能够解释最近超级金融机构之间的合并和收购热潮。

但是有效的经验主义证据并未证明，机构规模的扩大已经降低了大型机构的冒险行为。在规模扩大后，机构通过承担更多的风险，获得多样化收益。例如与中小金融机构相比，大型机构持有的商业和工业贷款风险更高。实际上，金融机构并购给股东带来巨大财富，使一个地区分部或一个业务分部的金融机

① 实际上 24 家银行都超过了门槛，但是其中 4 家银行是其他机构的联营机构，为了简化起见，我们把它们归于同一个名称下。

构集中度迈上一个新的台阶。

表 5—2　　1983 年和 2001 年财政部长公布的“大而不倒”机构名单

除非另有说明，图表数据都是以 2001 年的美元价值表示的

1983 年 12 月“大而不倒”机构					2001 年 9 月的“大而不倒”机构			
排名	机构名称	1983 年（十亿美元）	2001 年（十亿美元）	占所有金融资产的比例（%）	排名	机构名称	2001 年（十亿美元）	占所有金融资产的比例（%）
1	花旗银行	114	203	5	1	摩根大通[a]	711	11
2	美洲银行	110	196	5	2	美洲银行	575	9
3	大通曼哈顿银行	80	142	3	3	花旗银行	424	7
4	汉华银行	58	104	3	4	第一联合银行	232	4
5	摩根保证信托银行	56	101	2	5	弗利特银行	190	3
6	纽约化学银行	49	88	2	6	美利坚银行	163	3
7	大陆银行	41	73	2	7	美国第一银行[b]	184	3
8	银行家信托公司	40	72	2	8	富国银行[c]	176	3
9	安全信托公司	36	65	2	9	太阳信托银行	99	2
10	芝加哥第一国民银行	36	64	2	10	纽约银行	87	1
11	富国银行	24	43	1	11	美国汇丰银行	85	1
	合计：	643	1 150	27	12	金钥匙银行	74	1
					13	美联银行	73	1
					14	道富金融公司	68	1
					15	PNC 金融服务集团	65	1
					16	拉萨尔银行	54	1
					17	BB&T	54	1
					18	南方信托银行	47	1
					19	银行家信托公司	45	1
					20	美国地方银行；	43	1
						合计	3 451	54

注：a. 摩根大通金融资产等于同一控股公司旗下三家银行金融资产之和，而这三家银行都满足“大而不倒”最低门槛。b. 美国第一银行金融资产等于同一控股公司旗下两家银行金融资产之和，而这两家银行都满足“大而不倒”最低门槛。c. 富国银行金融资产等于同一控股公司旗下两家银行金融资产之和，而这两家银行都满足“大而不倒”最低门槛。

此外，大型金融机构的合并显然不是节约成本或增加收入的必然结果。大多数经验主义分析表明，金融机构吸干规模经济，他们的资产规模已经达到

100 亿美元。其他很多研究，包括其他国家学者对本国金融机构的研究都得出了相同的结论，最低有效规模似乎远远小于大型金融机构合并后的规模。尽管最近更多的研究发现最低有效规模有所扩大,但是与庞大的金融机构规模相比，金融资产所产生的收益似乎就显得微不足道了。

金融新技术

金融新技术的发展，使得金融资产集中度上升。金融技术革新能够解释，在金融结算业务中，少数金融机构占据统治地位以及增设分支机构的原因。专业金融机构和力图扩大覆盖面的金融机构债权人，更加期望获得政府援助。其他能够扩大“大而不倒”援助范围、增加援助力度的技术趋势，包括高度依赖资本市场融资、复杂先进的新型业务以及大型金融机构业务复杂性的显著增强。在大型金融机构破产时，高度复杂性使决策者面临更大的不确定性，“大而不倒”援助也就变得更具吸引力。

结算技术

规模并不是使金融机构“大而不倒”的唯一因素。超级金融机构业务所产生的溢出风险非常有限，而且也许储蓄保险就是唯一的资金来源。尽管几乎没有超级金融机构符合这样的描述，但是二线银行能够联合组成一个较大的“社区银行”。

与此同时，即使一家金融机构债权人所拥有的资产低于前 5 大或 10 大金融机构，那么他们仍然能够受益于“大而不倒”援助，因为机构破产将产生溢出效应。例如在美国，一些中小型金融机构的很大部分收入源于结算业务。分析家已经确认这些结算系统业务，如向固定收入有价证券持有人支付款项以及资本市场交易结算等，将产生严重的溢出风险。如果没有银行开展交易结算业务，主要证券市场将无法运营。也许决策者会通过援助主要结算机构债权人，降低机构突然倒闭所产生的连带效应。

单一银行或联合银行是结算业务的关键供应方，结算系统崩溃将产生很大的风险，但是技术发展似乎加大了这种风险。虽然这种趋势是经济增长的表现，但是计算和通信技术的进步也有力地支撑了这种扩张趋势。此外，计算和通信投资的重要性使观察家认为，处理结算是一种规模业务和专业技能。这两个属性使少数金融机构在结算业务中扮演了特别重要的角色，这就意味着这些金融机构的破产将对金融系统产生毁灭性影响。

我们对大型复杂金融机构的讨论已经揭开了冰山一角，也发现了一些严重依赖此类技术的金融结算机构。为了应对“9·11”事件对金融系统的严重影响，2002 年美联储颁布的草案列出了在结算网络运营中扮演重要角色的一系列金融公司。

在这个指导性文件中，美国监管者规定，某些金融机构必须满足业务恢复或“合理策略”的相关规定，如确定恢复或重新营业的具体时间表，以及设立测试恢复能力的严格标准。监管者认为，“如果金融机构无法恢复或者重新开展与主要市场相关的关键业务，就应该开展合理策略以便降低系统风险。在这种大背景下，系统风险包括，转账系统或金融市场参与者没有履行自己的职责，从而使其他参与者也无法履行自己的职责，这就导致严重的流动性问题或信贷问题，威胁金融市场稳定。”

接着监管者提到，主要的票据交换和结算机构也能产生这样的系统风险，这与一些金融机构在主要金融市场扮演重要角色有一定的相似性。主要市场包括联邦基金市场、外汇市场、商业票据市场、政府债券市场、公司证券市场和抵押贷款证券市场。除了主要金融机构之外，大约有 15~20 家主要银行，以及 5~10 家证券公司能够在一个主要市场扮演关键的角色。

最终定稿与草案有很强的延续性，而且提供了如何识别在主要市场扮演关键角色的金融机构的特殊指南。最终指南提到，“如果一家金融机构票据交换额或交易结算额，达到主要市场交易价值的 5%，那么它就可以被认定为重要公司”。

资本市场融资

一方面，在过去的几十年里，大型金融机构对存款和非存款资金的利用率明显高于中小型金融机构。随着美国以及其他国家资本市场的逐渐成熟，这个趋势也越来越明显。美国 25 家大型金融机构资本市场融资额占负债的百分比，从 1985 年的 36% 上升到 2001 年的 42%（资本市场融资额等于负债总额减存款融资额）。大型金融机构的增长幅度更加明显（见图 5—3），例如五大金融机构的增长幅度接近 10%。

另一方面，高度依赖资本市场能够降低机构破产的概率。资本市场融资的成本相对低廉，并且允许对流动性进行更有效、更加多样化地管理。一个金融机构融资渠道越多，单个资金链断裂的影响也就越小。尽管观察家已经发现了这个优点，但是有一种观点认为，资本市场融资产生动荡，是因为它加快了机构破产的步伐。有些人认为，资本市场参与者限制资金供给数量的速度，明显快于其他资金来源。

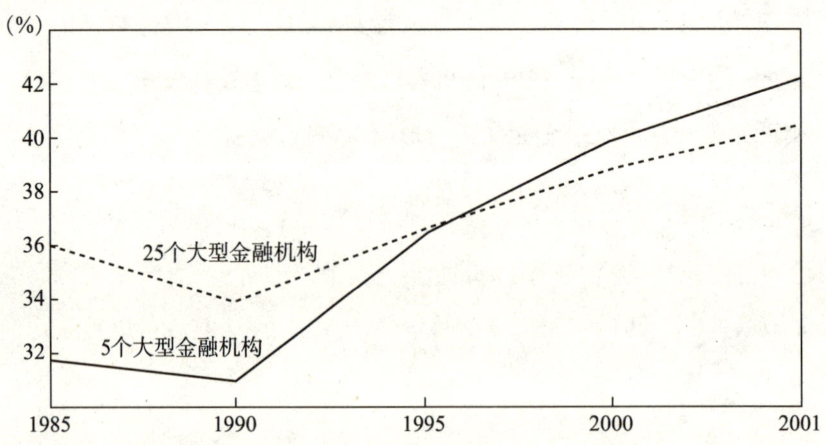

图 5—3　1985—2001 年美国 25 个大型金融机构资本市场融资额占负债的百分比

我们无法感知经验主义证据所揭示的不同资金来源的反应速度，但是有一个很好的理由可以使人们相信，资本市场参与者可能很快就会切断资金供给。简而言之，资本市场贷款者并没有太多关于借款者财务状况的“秘密信息。”由于存在信息差，也许他们不大愿意通过提高借贷价格抵消借款者的财务风险。

与之相反，一旦金融机构财务状况变得不透明，或者出现破产倒闭的迹象，那么资本市场参与者就会从金融机构撤出资金。例如，伊利诺伊大陆国民银行的迅速倒闭，就与大量的资本市场融资密切相关。与此类似，随着资金重回资本市场，观察家认为商业地产开发很快就会面临严重的资金短缺问题。人们对资本市场参与者撤资表示非常密切的关注，因为金融机构的很多资金都是短期借款。

在过去的 15 年里，超级金融机构隔夜借贷所占的比例几乎翻了一番。[①]资

① 作者根据银行提交给监管者的合并资产负债表和利润表数据进行计算得出的结果。

本市场对短期借贷金额的限制将产生很大的动荡，因为当一笔贷款即将到期时，金融机构希望其他流动负债能够取而代之。对于某些金融机构而言，资本市场并没有合适的替代资金。如果一家金融机构无法处理自身业务（例如证券清算、交易和结算等），并产生溢出效应，那么人们就会对机构无法通过资本市场融资深感忧虑。此外更加麻烦的是，金融机构的很多短期资金都来自于同业拆借市场上的其他金融机构。对短期同业贷款的高度依赖，与大型金融机构之间较高的相互依存度密切相关。

先进复杂的金融业务

金融理论、通信和计算机性能的提升孕育了新的金融产品，包括一系列结构证券、金融衍生品和证券化资产等。在创造、销售和交易这些产品的过程中，很多大型金融机构扮演了关键的角色，较深的市场参与度使决策者更有可能向这些金融机构的债权人提供“大而不倒”援助。

首先，在新的金融契约下，债权人的法律地位仍然悬而未决。不确定性的增加，使得债权人更有可能通过寻求担保，或拒绝新交易来避免潜在的损失，这两种反应将使交易对方加速衰败。另一个相关的问题，是这些交易所使用的文书。1998 年债券市场动荡期间，人们修改契约文书被证明是错误的，而且引起社会的持续关注。文书和法律地位方面的问题，使得债权人身份具有更多的不确定性，这将使决策者面临金融恐慌的局面。

其次，我们相信金融机构、金融监管者以及破产机构清算人员之间的知识差距逐渐扩大，对于充分利用复杂金融产品的机构而言更是如此。这种隔阂导致大型金融机构的破产带来很大的不确定性，从而促使决策者提供“大而不倒”援助。当然在金融监管机构，有些人员完全掌握了新型复杂金融交易的细微差别和相关细节。我们与监管者的讨论表明，尽管与以往相比已经有所增长，但是拥有相关金融业务经验和背景的职员数量相对较少。监管者也许很难评估风险收益的可能性及相关影响，因此他们将“大而不倒”援助视为“安全”的解决方案。

再次，当一家大型金融机构濒临破产时，决策者面临很大的压力，他们需要果断地采取行动。如果解决复杂金融工具问题仍然无法避免溢出效应，那么决策者就会产生援助债权人的想法，因为他们害怕畏葸不前的罪名。在决策者看来，政府援助的道德风险成本是无形的，而且在未来才能显现出来，而金融动荡很可能随时发生。因此我们怀疑，对新型金融工具的使用率越高，决策者迅速援助债权人的动机也就越强烈。

最后，有些新型金融工具源自高度集中的市场，并在其中进行交易。我们主要关注金融衍生品，但是类似的观点也适用于其他复杂的金融工具和金融业务。金融机构对衍生品合约的使用趋于集中化，在 20 世纪 90 年代这种趋势更加明显（见表 5—3）。1990 年美国四大金融机构大约控制 50% 的金融衍生品合约（以名义价值衡量），2000 年四大金融机构控制 90% 的金融衍生品合约。[①]这就表明，持有衍生品的大型金融机构存在大量的风险敞口，其中一个主要机构的破产将使其他机构面临重大损失。仅仅依赖公共数据进行研究的分析家也得出结论，金融衍生品市场较高的集中度容易产生系统风险。

表 5—3　1990—2001 年美国十大金融机构持有的衍生品合约所占的比重　　单位：累计百分比

十大金融机构	1990 年（Q4）	1995 年（Q4）	2001 年（Q4）
1	19	20	35
2	31	40	59
3	43	54	77
4	54	65	90
5	64	74	93

① 作者根据不同年度美国财长办公室季度报表数据计算得出。

续前表

十大金融机构	1990 年（Q4）	1995 年（Q4）	2001 年（Q4）
6	70	92	95
7	76	87	96
8	81	92	96
9	86	94	97
10	89	94	98

总体复杂性的增强

超级金融机构的特定金融业务已经变得更加复杂，这与业务规模、范围和技术有一定的关系。我们相信，其中任何一个因素都能够增加“大而不倒”援助的可能性。此外，这些因素互相作用，创造了更加复杂的机构，进一步强化了“大而不倒”援助。无论是从理论还是实践而言，复杂性使得解散机构更具挑战性。在面对潜在的混乱局面和风险溢出效应时，决策者可能通过援助债权人达到限制风险的目的。复杂性降低了信息质量，增加了决策者的压力。

复杂性的其他四个方面，使决策者更易提供“大而不倒”援助。因为我们提出的后续改革建议与这些特征息息相关，所以在此列出它们的细节。首先，随着规模的不断扩大，大型金融公司已经形成了极其复杂的法律实体。仅仅简单确定不同法律实体从事的业务，而不提及他们的所有权结构，使我们难以正确处理问题。在极端情况下，美国最大的金融机构拥有几百个法律实体。此外，无数的合伙关系、特殊目的工具和其他金融机构也推动了复杂金融交易的形成。

其次，大型金融机构的业务，都是在很多法律和监管制度的管辖范围内开展的。机构破产后，这些制度的应对方式有了很大的区别。金融机构主要根据存款保险制度进行破产清算；美国证券公司主要根据与公司组织和业务有关的法律制度进行破产清算；其他法律实体，如控股公司，则需要面对标准破产法案。在所有的制度和规定中，协调产生解决方案将面临极大的挑战，这会鼓励债权人为了自身利益竞相寻求援助，从而使破产清算解决方案难产。法律和地域的差异使得解决方案更加混乱：如果濒临破产的金融机构在很多国家开展业务，那么本国债权人和外国债权人将受到不平等地对待；此外，决策者难以琢磨晦涩的法律制度，除了援助债权人别无选择。

技术创新能够有效监管大型复杂金融机构，这就要求监管机构形成统一的解决方案。但是就我们的经验来看，监管者协调本身就具有很大的挑战性。从理论角度而言，加强单个监管机构的监管力量也许能够解决这个问题。而在实践中，整合规章制度需要在很多行政机构和法律基础设施之间进行重大改革。当前我们没有足够的证据表明，这是一个可行的方案。

再次，与制定解决方案过程中面临的有效协调问题不同，只有少数公司愿意购买或暂时管理技术含量较高,且机构规模和经营范围相当庞大的金融公司。实际上，这些公司在金融结算和票据交换过程中扮演的角色，以及他们的外在形象，使得决策者不愿意看到他们陷入停滞状态。我们难以想象，决策者会允许美国国库证券次级市场在长时间里产能过剩。即使一家公司愿意，也能够继续扮演类似于破产机构的关键角色，后来者也未必拥有相应的资源（例如计算机技术或人力资源）或有关前任业务的具体细节，转变也因此无法实施。

最后，在关键金融市场运营的金融公司数量有限、监管者金融知识相对匮乏这些事实说明，政府官员不得不依赖政党做出决定，而这些政党基于各自的利益（提供“大而不倒”援助所产生的既得利益）提出不同的专业建议。只有小部分公司能够确定风险溢出效应究竟是真正严重的，还是暂时微弱的。但是，这些公司都能够受益于政府援助。如果其他金融公司能够提供建议，那么他们至少能够利用政府提供的信息，并发挥自己的专长。

在处理美国长期资本管理公司的案例中，我们能够发现这两种不同的趋势。更加复杂的业务和总体复杂性的增强已经使一些分析家怀疑，决策者是否能够在舍弃特别措施如援助债权人的基础上，解决一家大型金融机构破产的问题。最近一位评论家指出，如果没有我们在第二部分所讨论的改革措施，“那么解决资不抵债问题的普通机制完全无法根除机构问题，而现在我们的金融机构和金融市场就在这样的世界里运营。”随着债权人对决策者意图和能力的看法逐渐趋同，“大而不倒”问题也变得更加严重。

政府政策

尽管我们相信，援助范围和援助力度的重要性，低于结构变化和技术变化，但是，也许政府政策已经扩大了“大而不倒”援助的范围，并增加了援助的力度。在过去的几年里，政府大量援助金融机构债权人，或许已经增加了人们对“大而不倒”援助的期望值。与此同时，我们认为《联邦存款保险公司改进法案》推荐的改革方案，并不能使债权人遭受明显的损失，但有些学者则坚称“大而不倒”是历史问题。

加强援助

在过去的10年里，很多分析家和决策者相信，政府更加愿意保护金融机构，尤其是大型金融机构债权人。问题就在于，已经出现了援助的先例。政府加大对大型金融机构债权人的援助力度，于是在未来债权人也期望能够接受政府援助。如果决策者试图停止小规模援助，他们将遭遇困境，在这方面美国提供了很有趣的例子。联邦存款保险公司批准政府对首批金融机构债权人提供特别援助，这其中并不包括大型金融机构债权人。此外，政府还援助非洲裔美国人控制的小型金融机构，其主要目的是通过援助防止种族暴力，但是一位联邦存款保险公司决策者认为，这些援助为援助大型金融机构开了先河，一旦开始提供援助，就很难对此予以限制。

不幸的是，我们缺乏政府援助债权人、尤其是援助“大而不倒”超级金融机构的数据。在过去的 10 到 15 年里，金融危机的爆发次数已经有所增长。世界银行报告表明，从 20 世纪 70 年代开始，总共出现了 117 次系统银行危机，殃及 93 个国家。20 世纪 20 年代和 30 年代的金融危机则更加严重。有的研究人员已经发现，金融危机变得更加频繁，尽管单个危机成本不会太大，他们认为政府提供开放式流动性援助是危机增长的一个原因。与这个解释遥相呼应的是，有限的数据表明，保护未经保险银行债权人是标准的做法。对 40 次系统银行危机的分析表明，23 个国家政府向银行债权人提供无限制的担保，而另外 23 个国家的政府提供长期紧急流动性援助（并未提供两种援助模式下所有国家的数量）。

此外，不同的分析家还认为，在 20 世纪 90 年代的金融危机中，国际货币基金组织对相关国家进行大范围援助，如 1994 年首先援助墨西哥，这就使债权人对国际货币基金组织的援助充满期待。他们宣称，国际货币基金组织开创的援助先例，反而导致后来亚洲、拉丁美洲和南美洲以及东欧更有可能爆发金融危机。

尽管 20 世纪 90 年代之前，人们对国际货币基金组织的援助已经深表忧虑，但令观察家倍感震惊的是，国际货币基金组织大规模拯救方案及其扮演的角色已经与先例大相径庭。著名学者，国际货币基金组织首任常务副董事安妮·克鲁格（Anne Krueger）认为，“墨西哥金融危机后，银行家似乎天真地认为，国际货币基金组织将经常提供援助，所以没有必要严格遵守单一国家的经济政策。与证券或债券持有人形成鲜明对比的是，商业银行的损失微乎其微。”

人们普遍认为，国际货币基金组织的信贷援助举措做得太出格了，最明显的证据就是国际货币基金组织准备通过重大改革置债权人于重大损失风险之中。实际上，国际货币基金组织分析师认为，“最大限度地限制道德风险”似乎已经成为国际货币基金组织一个明确的政策目标。

平心而论，“援助”这个词并不能完整地描述国际货币基金组织的拯救方案。有些分析家提到，根据历史经验，国际货币基金组织能够收回全部贷款，所以给予的利息补贴相对较低。在这种情况下，国际货币基金组织的贷款就不是援助，它与国家政府提供给银行债权人的援助有着天壤之别。但是对于我们而言，这种差别并不重要。这些分析家意识到，国际货币基金组织贷款也能够产生道德风险，因为它帮助国家政府增强了流动性，为提供大范围的经济援助提供了可能。

我们也不能完全相信，没有国际货币基金组织的援助，这些国家的银行债权人能够承担损失，但是面临潜在损失的那些债权人恰恰与国际货币基金组织建立了联系。如同其中一位观察家所提及的，“1997 年至 1998 年投资俄罗斯债券的战略被指是‘道德风险游戏’，这就说明国际社会反复使用金融拯救工具确实影响投资者的行为。”

银行实力扩张

有些国家允许银行大规模开展业务，于是人们就看到银行和其他金融公司之间的并购案数量逐渐上升。美国法案限制金融业务范围，但 1999 年美国金融现代化法案已经取消了很多限制，庞大的金融机构业务范围能够扩大安全网络。政府可能保护与一家“大而不倒”银行联营、而且濒临破产的保险公司债权人，其主要目的是确保公司破产不会产生溢出效应并危及银行。由于政府保护的债权人数量逐渐增多，很多知名经济学家认为，在采取改革措施限制援助之前，允许非金融公司与银行联营将会提升银行的实力，这无异于“本末倒置”。通过分析跨行业的交易，我们发现花旗银行和旅行者集团（Travelers）的合并增加了股东的财富，这与“大而不倒”援助金额的增长幅度保持惊人的一致。

为什么《联邦存款保险公司改进法案》无法解决问题

经过讨论我们已经发现，“大而不倒”是一个代价高昂的问题，而且现在变得愈发地严重。有些学识渊博的研究者也许认为我们的观点与时代不相容，主要是因为我们尚未提及《联邦存款保险公司改进法案》所包含的改革措施，它们的存在使“大而不倒”成为过去的事情。很多知名观察家相信，《联邦存款保险公司改进法案》不会使政府对大型金融机构债权人的援助，下降到可以忽略的水平，所以金融顾问经常指导某些国家，根据《联邦存款保险公司改进法案》所推荐的改革措施更好地管理金融风险，也就不足为奇了。

当然有些法案的内容是值得称赞的，对此我们将在后续章节予以讨论。此外如第 3 章所述，有关经验主义证据表明，原先大型金融机构债权人相信，他们将获得 100% 的政府援助，但是该法案公布之后，他们明显降低了期望值。这种市场观念的变化，也许解释了大型金融机构增资的原因。

但是从长远来看，我们认为该法案并不会实现降低“大而不倒”援助这一目标，或者让事态与前述趋势背道而驰。换句话说，我们相信该法案不会显著降低决策者向“大而不倒”银行提供援助的概率。在这个部分，我们简要介绍了我们的观点，附录 A 将对此进行完整地阐述。

《联邦存款保险公司改进法案》制定了很多改革措施。其中限制“大而不倒”援助的核心措施，就是最新的“最低成本”解决方案。根据日常工作程序，联邦存款保险公司必须遵循解决方案的计算流程，大幅减少政府援助，但是该法案也规定了例外情形。在经过复杂的审批程序之后，联邦存款保险公司也可以援助债权人。在与美国总统洽谈之后，美国财政部长发现，最低成本解决方案“将对经济状况或金融稳定产生严重的负面影响”，于是，提供“大而不倒”援助“能够避免或缓和这种负面影响。”在经过联邦储备系统 2/3 以上的理事，以及联邦存款保险公司 2/3 以上的董事批准之后，决策者方能提供特别援助。此外，大型金融机构需要缴纳特别税赋，国家需要对援助决定进行尽职调查。

迄今为止，该法案的改革措施并未得到测试，因为在该法案获得通过之后，没有任何大型金融机构破产。因此，我们比较了该法案的改革要求与旧制度，确定变化的节点，以及这些变化是否能够降低“大而不倒”援助的可能性，从而评估该法案的有效性。在我们看来，决策者援助大型复杂金融机构债权人的主要变化，是公众介入联邦储备系统和财政部。测试成本以及根据系统风险原则提供例外援助，并不是该法案的首次发明。我们相信，即便美联储和财政部的作用更加突出，也无法显著改变决策者的动机。

我们根据历史记录得出这个结论。似乎在先前援助大型金融机构的过程中，美联储、财政部和联邦存款保险公司相互协商讨论过。尽管在该法案生效之前并没有任何正式投票，但是所有援助都必须接受详细公开的审查，有些刻薄的审查是由国会主导的。也就是说，在对外公布援助方案后，高级决策者协商后并不会取消援助（当然也不会取消审查援助）。

最后，我们并未发现国家对金融援助征税，所以也就无法抵消援助成本。

国家援助濒临破产大型金融机构的目的，就是防止风险溢出对其他金融机构产生负面影响，所以在实施援助之后，决策者根本不会向大型金融机构征税，因为这将削弱他们的金融实力。总之我们认为，限制“大而不倒”援助的核心措施几乎很难实现既定的目标。

在讨论改革措施之前，我们讨论了我们的分析是否能够解释某些大型银行未能接受政府援助的原因，这就检验了本章得出的结论。此外，它也帮助确定了我们的建议是否能够正确地解决问题。

TOO BIG TO FAIL

THE HAZARDS OF BANK BAILOUTS

06 关于“大而不倒”的相反案例

如果某些因素可以解释政府援助债权人的原因，那么它们同样可以用于解释大型金融机构债权人不能获得政府援助的原因。如果有大量相反的例子表明，决策者使债权人失去一切，甚至在面对不稳定的因素时亦是如此，那么对系统危机的恐惧并不能解释“大而不倒”紧急援助。

一些分析师发现，政府决策并不是为了保护安然公司（Enron Corporation）债权人（几个资本市场的重要参与者），所以它不能作为政策变动影响大型金融机构的例证。[①]在安然公司倒闭之后，债权人的风险明显增大，这就是所谓的“一个‘大而不倒’的公司突然之间变得更大。”政府决策不是为了解救德崇证券（Drexel Burnham Lambert）债权人，而巴林证券（Barings Securities）

① 安然公司是一家活跃于市场、期货交易、金融服务、能源及设备管理、能源生产及运输领域的多元化企业。2001年12月，这家公司倒闭。安然公司的高级管理人员似乎试图利用复杂的财务事项掩盖这个公司真实的经营状况。

也建议决策者更多地容忍经济不稳定性，这超过了我们的预先估计①。

我们相信，那些已经被确定为“大而不倒”援助驱动力的因素也能够帮助解释，为什么这些公司的债权人没有受到特别的保护。政府保护并未随即到来，其中有两个原因。首先，也是最为重要的，一般而言，这些公司破产倒闭并不会产生严重的系统风险。其次，这些公司并不存在能够吸引政府援助的机构特征。

在研究没有接受援助的案例时，我们采用了很简单的方法。我们并不认为，接受援助和未接受援助的公司之间的差别不明显。我们认为有些特殊因素，如金融公司结构和业务的高度复杂性，增大了援助的可能性，但是未接受援助的公司也具有类似的特征。这并不是任由公司倒闭这么简单，监管者的行动降低了风险溢出的可能性，因此他们也就心安理得地使债权人遭受损失。如果决策者希望更好地管理“大而不倒”问题，就需要持续关注当前的案例并从中获得启发。

系统风险

在大量的案例中，分析潜在的系统风险，是决策者考虑是否提供援助的核心要素。他们似乎认为，如果系统风险很低或者容易管理，他们就会提供援助。在巴林银行（Barings Bank）的案例中，英格兰银行执行董事认为，“巴林银行的倒闭将在金融系统里产生令人恐惧的负面影响，但是当我们审视这个事件

① 德雷塞尔（Drexel）是德崇证券（Drexel Burnham Lambert Group）的一个分支机构，现代垃圾债券市场的缔造者，它的破产是由被控内幕交易罪和其垃圾债券市场地位所引起的。巴林银行是一家公司，它的破产与一位魔鬼营业员造成的巨大损失有关。通过研究分支机构的破产，我们极大地简化了讨论。这些实体的控股公司及其他分支机构也宣布破产，否则就需要变更为其他独立实体。

和金融市场时，我们无法找到真实的风险，因此，试图通过公共基金援助金融机构似乎是不合理的，严重的系统紊乱风险并不能成为我们经常引用的关键理由。”对英格兰银行（Bank of England）而言，最为重要的是与巴林银行的双向敞口相对有限，从而未受到巴林银行破产的严重影响。这些因素使决策者相信，巴林银行的破产不会殃及其他金融机构。

美联储宣称，系统风险是拒绝向德崇证券债权人提供特别援助的主要原因（此外还解释了向其他债权人提供援助的原因）。在司法委员会主席兼国会议员杰克·布鲁克斯（Jack Brooks）和前任美联储主席艾伦·格林斯潘（Alan Greenspan）有关“大而不倒”和德崇事件的讨论中，我们能够更清楚地理解这一观点。

布鲁克斯：如果有问题的投资机构不是德崇证券，而是美林银行（Merrill Lynch）或美邦公司（Smith Barney），那么美联储仍然决定袖手旁观、任由其破产？

格林斯潘：如果所有金融状况完全相同，那么我们肯定采取同样的措施。我们的措施完全取决于，我们对该公司影响的本质及其对宏观金融系统影响的判断。这是我们的基本关注点，在很多情况下，这是我们唯一的关注点，这与所牵涉的金融机构的本质没有任何关系。

在安然事件中，明显缺少系统风险，有影响的观察家都发表了类似的评论。在安然公司申请破产保护之后，标准普尔公司认为，“它似乎没有任何‘大而不倒’的特征。尽管有些敞口是重大的，但是至少在草案中它们并未危及其他任何金融机构。”美联储官员也发表了类似的观点。

这些案例说明，在决定是否以及何时援助债权人时，决策者检查了我们认定为重要的特定因素。未接受援助的金融公司结构相对简单，衍生品市场参与度较低，与接受援助的金融机构相比，他们的规模相对较小。即使他们的业务活动和结构比较复杂，这些金融公司所从事的传统商业银行活动也相对较少，而这正是决策者判断银行是否是系统风险源泉的重要因素。这些金融公司的金融业务和组织结构给决策者亮了红灯，但是这些公司的规模，距离能够接受援助的门槛已经不远了。

为了使这个观点更加清晰，我们可以比较巴林银行和美邦公司，以及长期资本管理公司的案例，前者的系统风险相对较低而且可控，后者则是20世纪90年代著名的非银行金融公司。

在长期资本管理公司的案例中，政府当局相信破产清算将产生严重的溢出效应，通过政府和债权人的共同努力完全可以防止风险溢出。这些溢出效应已经浮出水面，因为存在很多鼓励“大而不倒”援助的问题，如长期资本管理公司业务范围非常广泛、在衍生品市场存在大量业务、长期资本管理公司与其他大型金融机构之间存在相似的敞口，银行和长期资本管理公司之间也存在很大的直接风险敞口。美联储对长期资本管理公司所做的反应，不符合“大而不倒”援助的定义，但是美联储的积极参与进一步支持了我们的论断：对金融动荡的忧虑，促使政府对金融公司破产做出积极的回应。

机构因素

存款保险系统能够增加“大而不倒”援助的可能性，因为决策者能够利用这个资金来源迅速援助债权人，对此我们将在第7章进行详细的讨论。因此，如果缺少政府担保的保险存款，援助的概率就会降低。德崇证券或安然公司从事与银行业务类似的活动，并提供可替代银行贷款的产品，但是这些公司并没有银行营业执照，所以不能接受存款保险的援助。

观察家已经借助这种机构差异，解释这些著名公司债权人并未受到破产保护的原因：“大量的存款保险资金将银行破产视为系统风险，因为当不存在系统风险时，这些资金的流动性很强。美国监管机构能够自由利用充裕的资金解决任何问题，于是人们怀疑，如果巴林银行破产事件发生在一家美国银行身上，那么监管机构是否仍然视之为系统风险？如果德崇证券是一家金融机构，那么它的破产倒闭将受到怎样的礼遇？”

当德崇证券进行破产清算时，美国证监会主席也提到，这些机构的重要性就在于杜绝政府援助。例如，在向国会解释德崇证券“大而不倒”的问题时，这位证监会主席强调他的机构无法提供资金拯救自己监管的公司。相反，证监会要求濒临破产的公司满足资本要求，或迫使他们进行破产清算。

在杜绝政府援助的过程中，负责制定援助政策的决策者所持的观点也起了一定的作用。在德崇的案例中，美国证监会主席公开强烈反对政府对破产金融公司债权人提供援助。对此，我们将在第 7 章详细讨论这个因素的潜在重要性，我们也建议当选官员提拔保守型决策者。

一个金融机构的纪律可能超过任何领导人的想象，并因此影响援助决定。例如，有时中央银行非常关注金融动荡可能带来的较大成本，而其他机构不会将管理动荡局面视为主要关注对象。存款保险人或银行监管者也许培育支持援助的文化氛围，并视其为防止金融动荡的首个堡垒。这种机构差异，而不是单一领导人的爱好，也许能够帮助解释援助决定。

灰色地带

我们已经简化了观点，这样在避免援助某些公司的同时，援助其他公司债权人的情况就显而易见了，但事实并非如此。在做出拒绝援助的过程中，有些决策者对债权人可能招致的损失，以及相关的溢出效应倍感焦虑，但是他们仅仅愿意接受债权人提出的援助申请。我们从非常有限的案例归纳出结论，在这些案例中，我们并未讨论的特定因素，例如由于管理不善、内控失效和经济状况等因素导致德崇证券或巴林银行出现问题，在制定援助策略时也起了很重要的作用。

此外，我们已经从这些案例中，排除了一些无益于强调援助推动力的观点。尽管在巴林银行案例中，我们认为，能够提高援助可能性的业务活动和组织属性并未取得压倒性优势，但是它们的确存在并且使决策者面临挑战，所以回顾没有援助的案例，有助于我们提出具体的建议。例如，有些案例表明，只有完善系统，才能在监管体制（国家内和国家间）之间分享信息，才能在众多破产法案中解决金融公司破产的问题。我们将在第 7 章详细讨论这两个问题。

决策者拒绝提供援助，并任由这些公司破产的事实并不意味着他们实行的是放任自由主义。实际上，监管机构采取很多措施降低系统风险的威胁，从而使政府援助变得无关紧要。例如，当巴林银行的订约方不愿使用标准操作，如向巴林银行在其他代理银行的账户汇款时，英格兰银行设置了专门程序处理巴林银行的交易。与此类似，很多监管机构采取行动，保证德崇证券的流动性。

决策者已经从这些没有援助的案例里学到、而且将继续学到很多经验和教训，但是我们的主要论点仍未改变。我们简要分析没有援助的案例，并确定了促使政府采取援助行动的正确因素。这个结论还表明，我们的建议找准了这些动机因素，找到了正确的研究方向。现在我们开始讨论相关的建议。

TOO BIG TO FAIL

第二部分

“大而不倒”的解决

THE HAZARDS OF BANK BAILOUTS

在第二部分，我们描述并推荐了一些可以降低“大而不倒”援助期望值的选择。首先，我们举例说明，实际上决策者可以通过可信赖承诺表明，“大而不倒”银行债权人将遭受损失（第7章）。我们依赖货币政策历史数据，获得有关决策者实现不可能完成的任务的信息：明确承诺致力于降低通胀。根据货币政策经验，我们提出第一项建议：如果决策者能够严重关切经济援助所产生的道德风险成本，那么他们就应该从事与批准和拒绝援助有关的职业。

接着我们讨论法律和政策基础，这是试图降低“大而不倒”援助期望值的所有国家都应该具备的（第8章）。除了根本改革（如确立并执行财产权），我们推荐政府制定预算，以便准确考量援助“大而不倒”债权人所产生的相关负债。这些改革能够帮助应对可能导致援助的个人动机。

在确立了上述基础之后，我们提供了解决“大而不倒”问题的建议。拒绝援助债权人，需要国家采取政策，降低决策者提供援助的动机。在第一部分，我们已经讨论了决策者提供援助的主要动机：防止一家银行倒闭产生风险溢出效应进而导致其他银行破产。在第9章、第10章和第11章，我们推荐了一些能够降低潜在风险溢出的政策。第9章讨论了应对大型金融机构倒闭产生的不确定性的方法，第10章分析了机构破产时债权人如何减少损失的方法，第11章介绍了如何通过改革防止破产风险通过结算系统扩散至其他金融机构。

在第12章，我们讨论了应对“大而不倒”问题的替代性方法。尽管这些方法都有优势，但是最终我们发现这些远远不够，所以我们认为，决策者不应过分依赖这些方法。附录A至附录D详细讨论了第12章所提到的方法。

TOO BIG TO FAIL

THE HAZARDS OF BANK BAILOUTS

07 降低期望值

经过讨论我们认为，只有当决策者确实减少了援助大型金融机构债权人的动机时，人们才能降低对“大而不倒”援助的期望值。其他观察家认为，很难处理“大而不倒”问题。例如，最近前任美联储副主席艾伦·布林德（Alan Blinder）声称：“所有人都知道，有些金融机构非常庞大，而且相互关联，所以绝对不能让他们倒闭。”美国中小银行代表重申，“大而不倒”是一个根深蒂固的问题，当美联储候选主席宣称任何金融机构都不应该“大而不倒”时，一本中央银行出版的刊物这样说道，“也许幸运的是，金融市场上没有人会相信这个主张，但是政治合理性难道不是从来都与现实世界脱节吗？”从我们与国内决策者以及不同级别借贷机构的讨论中也能够发现，这种怀疑论简直太普遍了。

我们的改革建议以及它们的合理性，恰恰是对这种论调的有力回应。但是在正式讨论之前，我们首先谈谈其他几个例子，其中美国和其他一些国家的决策者似乎完成了不可能的任务。尽管也存在如取消经济管制的其他例子，但是与我们的目标直接相关的有力证据来自货币政策。

在本章中，我们简要描述了在经历了 1975 年至 1981 年高通胀时代后，美联储如何制定可信赖的低通胀货币政策。我们力图证明，如果决策者能够持续地采取行动，他们就能获得公信力。根据这个货币政策例子，我们认为选择天生保守，而且公开反对政府干预的决策者，或许能够通过立法进行体制改革，促使市场参与者意识到，当一家大型银行破产时，他们将遭受更大的损失。我们也讨论了建设性模糊政策，并发现它是应对“大而不倒”问题的一个方法。

可信赖的货币政策

中央银行专家并没有提及他们对低通胀环境的热切渴望，这简直令人无法想象。实际上 2003 年货币政策讨论的焦点就是通货紧缩。我们经常容易淡忘，在几十年前，传统观点认为两位数的通胀率是美国经济表现的永恒特征。1980 年 10 月第一波士顿公司（First Boston Corporation）经济学家欧文·弗里德曼（Irving Friedman）在接受道琼斯新闻社—华尔街日报（Dow Jones News Service-Wall Street Journal）采访时说道，“通胀的助推力量是暂时的，”他强调，“已经发生变化的是‘人类的基本社会定义’，‘在人类需求和经济供给之间创造了一个长期的根本差距’。”

与此类似，一年后通用磨坊食品公司（General Mills）财务总监马克·威尔斯（Mark Willes，后来担任明尼阿波利斯联邦储备银行主席）通过道琼斯新闻社发表如下观点：“通胀要么仍旧维持高位，要么在可预见的未来小幅上涨，这种可能性已经非常大。”最终在 1982 年 2 月呈报给国会的货币政策和经济报告中，美联储认为，“金融市场行为和其他证据强烈地表明，有关持续降低通胀的怀疑论仍然盛行。”有人认为美联储既不愿意，也没有能力采取必要的行动恢复稳定的价格秩序，这显然支持了上述观点。1977 年至 1981 年消费层面的年通胀率达到 10%，而同期零售层面的年通胀率达到 9%。在这几年里，10 年期国库券利率几乎逼近 14%，而 A 级公司债券利率超过 16%，30 年固定利率抵押贷款利率超过 15%。

1979 年，保罗 · 沃尔克当选美联储主席，他开始通过货币紧缩政策降低通胀和未来的预期通胀，但是沃尔克领导的美联储并未采取特别的货币政策。为了与历史传统决裂，解决结构惯性和金融机构不愿意大幅提升利率的问题，沃尔克采取了货币主义者的方法，强调货币供应量稳定增长的目标。在与美联储联邦公开市场委员会召开临时讨论会后，沃尔克选择在星期六公布了这个政策变化。当然，众所周知沃尔克并不是一个货币学家，政策的变化表明局势已经非常严峻，需要立刻进行休克疗法。此外，尽管利率攀升且商业活动逐渐恶化，沃尔克和他的同事对此仍然坚定不移。

我们不能高估货币主义政策的重要性，这个步骤代表着与传统的决裂，并且向金融市场参与者和其他人传递了一个信息：美联储严重关切通货膨胀。此外，除了变革内涵的信息之外，制定货币供应量的目标是付诸行动的直接手段，为政府官员、媒体和公众提供了监督政策的渠道。

美联储前所未有地理解自己的意图，因此在 1980 年递交给国会的报告中，美联储宣称，“显然货币政策在恢复稳定价格秩序的过程中，起了主要的作用。不管初始动机是什么，从长远来看只有当货币扩张主义大幅增加了美元支出，我们才能遏制通胀。美联储决定，不会大量印刷钞票，但是从 1980 年开始将致力于阻止通胀对实体经济的影响。”与此类似，在 1980 年 7 月的报告中，美联储声称，“货币政策的首要目标和可持续目标必须是阻止恶性通胀循环。”短期成本和取消既定方针的压力，使这个目标面临很大的挑战。1980 年至 1982 年美国经历了严重的经济衰退，全国劳动阶层失业率逼近 11%，少数族裔的失业率甚至可能更高。截至 1982 年第三季度，美国经济在连续 7 个季度里萎缩，实际国民生产总值几乎下降了 9%。与此同时，1982 年通胀率下降 4%，这一数字持续了几年，几乎没有人怀疑改革所取得的巨大进展。

在控制通胀的过程中，保罗·沃尔克的领导是关键因素。沃尔克的勇气和独立精神能够解决美国实体经济的问题，他还意识到在短时间内，政策可能加剧而不是减缓商业活动的衰败程度。卡特总统选择沃尔克担任美联储主席是基于绝望情绪，而不是个人喜好。在沃尔克看来，当局找到了一个不会屈从于政治进程的合适人选。但是随着时间的推移，沃尔克非常巧妙地促使公众持续支持货币严重紧缩政策，并承受可能产生的阵痛。这个步骤也非常关键，因为在一个民主国家没有公众支持是难以想象的。

不管怎样，1982 年年末实体经济活动开始复苏，并持续到 1990 年中期，很快海湾战争爆发导致美国经济衰退。20 世纪 80 年代和 90 年代的通胀始终低于平均水平。在这 20 年里，货币决策者继续通过自己的语言和行动表明，他们持续关注低通胀的稳定环境。

1994 年 8 月 16 日联邦公开市场委员会的备忘录提到了一个特别的例子，内容如下：“在委员会讨论会议间期的政策时，委员会成员一致认为需要采取紧缩政策，以确保美国经济的通胀压力得到很好的控制。委员们认识到，先前委员会的政策行动产生了一些抑制作用，这些行动仍将产生延滞作用。如果没有特别的紧缩政策，强大的需求力量和相对狭窄的供应范围将产生通胀压力风险。”因此，美联储持续修正政策，并于 1994 年开展第五次紧缩行动。在艾伦·格林斯潘的带领下，美联储采取了相应的行动，这说明从 1979 年至 21 世纪美国货币政策具有很强的延续性。

毫无疑问，随着时间的推移，政策表述和政策行动保持一致，这就使私营经济决策者相信，低通胀实际上是他们可信赖的政策承诺。反过来，随着他们公信力的提升，决策者也发现维持低通胀是一件简单的事情，我们在第 1 章提到的道德循环已经形成。

公信力至少在两个方面辅佐货币政策。首先，随着公信力的提升，市场参与者不再对货币供应量的暂时增加，或通胀的其他先兆深感忧虑，所以通胀期望被完全遏制。其次，经济增长和通货膨胀之间的短期联姻已经被广为接受。所以，经济能够保持可持续增长，在保持较低通胀的条件下实现对资源的优化利用，如果没有预期通胀的降低，这简直是无法想象的。

尽管现在我们认为，低通胀是理所当然的事情，但是与几十年前相比，环境已经发生翻天覆地的变化。货币政策也许无法完成不可能的任务，但是它确实做到了，这令很多谨慎的观察家倍感惊讶，因为它通过勇敢有效的领导，以及信守承诺表现出的政策制度的根本变化，恢复了价格秩序的稳定。任命保守型决策者，因为他们倾向于实现低通胀，是分析家和当选官员的主要建议。

“大而不倒”的公信力

当谈到设计并执行限制“大而不倒”援助的可信赖政策时，我们发现，能够从货币政策历史中学到很多东西。更为重要的是，即使历史行动都与现行政策背道而驰，决策者也能够建立公信力。因此，在建立公信力和应对援助压力时，个性是一个重要的因素。芝加哥联邦储备银行前任研究主管准确找到了这种压力："我经常告诫某些决策者，他们不应该采取任何行动，这导致他们质疑聘请我的原因。也许他们是正确的，因为当你身处这个境况中时，人们希望你采取行动解决问题。如果你拒绝采取行动，那么你就是渎职。"尽管具有良好的动机，但是，当决策者面对一家大型银行潜在的风险时，决策者通常抱有"不是我的监管职责"或"不在我的监管范围之内"的态度，这是对公信力的公然践踏。

根据这些经验，我们提供两种建立公信力的方法，旨在限制"大而不倒"援助。首先，任命"保守"的银行监管者，也就是说决策者严重关切"大而不倒"援助的成本，并且能够在适当的时候拒绝提供援助。尽管这似乎是一个简单的建议，但是却很难执行。除了希望自由市场解决方案获得成功之外，这样的决策者必须具备很多特质，否则多数经济学家也能成为很好的候选人。但是，仅仅要求决策者采取保守行动是远远不够的，为了能够沉着应对危机，决策者必须理解以下这些观点。

鉴于"大而不倒"的历史盛况，那些试图控制"大而不倒"的决策者，应该具有应对援助压力的勇气。如果决策者拥有大量金融市场实际经验，那么他们将受益匪浅，因为这会使人们相信，不受法律支配的援助是无法维护金融稳定的。说服政府和普通民众，使他们相信避免提供援助是合情合理的，这种能力是珍贵的品质。

此外，如果决策者拥有处理金融动荡的经验，就更加令人满意了。这不仅仅是个人公信力的问题，我们认为此类经验能够帮助决策者判断，需要多少援助才能维护金融秩序的稳定。尽管我们希望保守的决策者质疑提供援助的需求，但是我们也认识到，在一些情况下，我们的获委任者觉得提供援助的理由是很充分的。理性地怀疑援助，而不是在危急时刻拒绝考虑援助，这才是保守型决策者的特性。

决策者应该使债权人以及其他类似的人员面临真实的损失风险，并且赢得公众对该项政策的支持。因此，提高“大而不倒”门槛的第二个建议就是发出重大制度变革的信号，如同美联储宣布通过货币主义遏制通胀时所做的那样。政策承诺的最优形式仍不明朗，但是根据第 6 章对 1991 年《联邦存款保险公司改进法案》的讨论，决策者能够公布改革法案计划，降低“大而不倒”援助的概率。尽管关键点，是通过建立可被监督的政治承诺使债权人遭受损失，但是改革应该参考我们的一些建议，这样公众就能判断决策者是否遵守新制度。

仅仅提拔保守的决策者是远远不够的，我们所有的方法都着重强调，需要进行很多政策变革，才能够明显限制“大而不倒”援助。当然，提拔保守型决策者能够限制援助申请的数量，因为事先他们就知道申请将被拒。此外，如果没有出现“大而不倒”问题，这些决策者将有效地抵制试图扩大政府援助的任何企图。最近有迹象显示，当选官员在决定决策者的职位时，会考虑他们对“大而不倒”的看法，对此我们倍感欣慰。在他们的同意权听证会上，现任美联储副主席和联邦存款保险公司董事长都被要求对棘手的“大而不倒”问题发表评论，长期从业的前任美联储主席艾伦·格林斯潘也因为反对利用政府资源援助债权人而闻名于世。

建设性模糊

有人认为，最好的做法是实施“建设性模糊”的政策，并通过显性行动遵守诺言。这个术语是指决策者的普通声明，也就是政府不会按照常理援助大型银行债权人，也不会解释在何种特定情形下不会提供援助。它的目标是创造不确定性，而不是澄清债权人应该承担损失风险。这个术语的创始人指出，"'建设性模糊'的主要内容就是在面对金融动荡时，中央银行是否采取特定行动、何时采取行动以及如何采取行动，这在学术上并没有多大的吸引力，但是它却非常有益于减轻道德风险问题，并保持政策的灵活性。"我们认为，建设性模糊并不是"大而不倒"援助唯一的替代性政策，而且这一政策本身有很严重的缺陷，所以我们不予推荐。其实有很多建设性的行动能够，而且应该用于解决"大而不倒"援助以及与之相关的资源错配问题，此外，还有一些其他原因使我们不能采取建设性模糊的方法。

首先，如果决策者几乎不会通过援助解决大型银行破产的问题，那么建设性模糊就是一个代价高昂的多余政策。如果决策者不采取行动，证明他们反对"大而不倒"援助，那么在不知不觉中，债权人就会对接受援助抱有更大的信心，也就是说，反对"大而不倒"援助的决策者，必须清晰地表达自己的观点，并且言行一致地采取行动。这种沟通和行为能够保护决策者免受事后批评，帮助形成良好的道德循环。

其次，有人也许认为模棱两可优于直接提供援助，因为它创造了市场纪律。但是一旦开始援助，这个蜜月期就会寿终正寝或大大缩短。从我们的经验看来，执行模糊战略为未来的援助大开方便之门，但是债权人不会遭受任何损失。假设决策者不会随即采取行动，那么提供"大而不倒"援助将有效减少模糊性，市场参与者也会知晓在何种情况下，哪些债权人接受了援助。此外，在模糊政策下，援助愚弄了那些相信政府信守承诺的人们，这显然是不公平的。

尽管这些步骤也许很有帮助，但是却无法有效地应对"大而不倒"问题。我们需要很多工具，尤其是能够降低那些驱使决策者做出援助决定动机的工具，本书后续的章节将详细讨论这些工具。

TOO BIG TO FAIL

THE HAZARDS OF BANK BAILOUTS

08 创建必要的基础

在一个国家的经济绩效中，机构和法制的基本设置似乎发挥了重要的作用。例如，在拥有所有权保护法律系统的国家，金融中介服务发展良好，金融业务增长相对较快。在我们讨论存款保险时，尽管仍然存在很大的争议，但是法制和机构因素与银行危机存在一定的联系。

我们相信，同样的微观基础对于有效管理“大而不倒”也是很有必要的。我们怀疑，如果所有权相对薄弱或根本没有产权，而且社会腐败之风盛行，决策者是否能够信守限制援助的承诺。如果没有法制监管，那么显性和隐性的政府援助将是金融系统吸引资金的唯一方式。这种援助也可能催生腐败操作，如州政府向特定的精英阶层提供援助和资源。

这种微观基础是必要的,但却无法有效管理“大而不倒”问题。在管理“大而不倒”问题的过程中，需要更多先进的机构和法律发挥作用：例如，商业公司破产法案、国有企业私有化以及有效的会计标准。如果没有针对虚弱商业公司的解决方案，如《破产法》，政府就不会鼓励银行资助状况不好的公司。从长远来看，援助破产公司可能耗尽银行资本，并要求提供援助。制订和执行反托拉斯法案，也能够间接管理人们对“大而不倒”援助的忧虑情绪。这些基础设施因素的价值和优点是不言而喻的，对此我们不再详细叙述。在建立能够有效管理“大而不倒”的基础时，我们主要关注两个方面：存款保险和政府的应急预算。在那些拥有上述基础的国家，现有证据表明有限的存款保险方案能够降低“大而不倒”援助的概率。但是，在那些法制和机构设置不完善的国家，显性存款保险实际上增加了大规模援助的可能性。

20 世纪 90 年代东南亚国家突然破产后，改善预算的重要性就不言而喻了。在这些案例中，先前金融危机遗留的风险似乎不太明显。更为重要的是，政府预算似乎能够做到收支平衡。在金融危机严重后果犹存的时候，国家财政收支开始失衡。此外，国家提供“大而不倒”援助的意愿，促使政府承担紧急索赔和潜在的庞大成本，政府预算并未披露这些潜在成本。

在我们看来，残缺的预算披露机制和核算机制妨碍决策者识别潜在损失的规模，使他们无法通过改革限制“大而不倒”援助。“没有调查就没有发言权”就是最好的阐述。因此，如果希望更好地管理“大而不倒”，那么我们相信，预算会计和预算报告制度的改革就是重中之重。鉴于在短期内，预算制度根本改革将遇到很大的挑战和阻力，我们提供了一系列改革建议，可以根据特定国家复杂的环境分阶段进行改革。

存款保险方案

“大而不倒”是一个国家正式和非正式存款保险系统的延伸。决策者违反存款保险援助限制条款，或其他任何政府保险方案的次数和程度，将影响债权人对“大而不倒”援助的期望值；有关存款保险和保险方案的决策，将影响“大而不倒”管理。

反对存款保险的讨论，主要集中于它所带来的道德风险。有些国家，如日本已经建立了一定程度的存款保险制度，覆盖所有类型的存款，这就使“大而不倒”政策形式化。但是，即使存款保险制度更加严格，也会促使政府提供援助，因为它鼓励了更多的冒险行为，或表明债权人对银行破产深感忧虑。存款保险使决策者能够利用财政机制保护大型银行债权人，因此实际上援助了债权人。

与此形成对比的是，国际货币基金组织员工建议国家建立存款保险担保机制，并设定援助上限。他们相信，对援助银行债权人做出法律限定的国家，所面临的道德风险相对较少，可能因为此类限定降低了提供援助的可能性。就此而言，设定援助限额其实是对降低“大而不倒”援助的政策承诺。

分析家已经通过分析拥有正式和非正式存款保险系统国家的经验，评估了上述这些观点。尽管人们普遍认为，各自的国情和历史应该能够指导决策者做出决定，但结果不尽相同。例如，那些拥有强大的法制和机构基础、在历史上提供隐性援助的国家，更有可能因即将建立的限制援助正式系统而有所收益；在其他情况下，建立存款保险系统实际上动摇了银行系统，并加大了援助的可能性。

存款保险方案的细节，并不仅仅是它的存在，能够影响“大而不倒”援助的期望值。适度地存款保险援助，首先，假设存款保险理应存在，也能够限制对“大而不倒”援助的期望值。因此，我们和其他多边组织赞成，仔细确定接受援助的负债，援助少数机构的中小储户，这样的存款保险机制只提供小额存款援助，并需要提供共同保险（例如当一家银行破产时，所有储户至少承担一些损失），所以能够限制援助范围。在我们看来，这种方法与较少的银行危机以及较低的冒险行为密切相关，因此能够降低“大而不倒”援助的概率。也许更为重要的是，即使存款保险系统适合国家的国情，也无法帮助有效地管理“大而不倒”援助的期望值。例如，欧洲联盟存款保险变革降低了银行的冒险行为，但是并未改变超级银行的冒险倾向，所以需要另外进行改革。

预算和决策者动机

对于很多决策者而言，政府支出分配的流程和规则提供了一个重要的动机，我们将这些规则和行为称为预算程序。如果它能够高效运作，那么预算程序就会履行它的市场角色，促使决策者设定总体开支的上限（也就是预算限制），确定他们的优先选项，接着选择能够发挥最大功效的支出分配方式。预算会计系统将政府方案的成本呈报给决策者，在市场体系中，决策者根据价格做出有关资源分配的决定。

如果价格并未反映与总体成本相关的物料消耗或服务，市场就会崩溃；如果市场崩溃，那么商品或服务的价格就会过低或过高。如果会计流程并未准确反映一项方案所消耗的资源，预算就会生成错误的价格。决策者将把很多资源分配给实际成本被低估的方案，如同被消费者大量消费的某种商品的价格，并未真实反映在制造过程中所消耗的资源一样。在这两种情况下，错误的价格导致优先项和结果之间的错配。决策者的决定是否与他们委托人的优先选择保持一致，对于这个问题仍然存在很大的争论。

显然我们能够在预算和市场之间进行类似的推理。例如，拥有征税权力的政府不会像家庭和公司那样，面临预算限制。也就是说，很多政府仅仅因为本国资源有限，在吸引资金方面存在很大的局限性。例如，对于决策者而言，财政赤字事关大局，因为它影响债券评级以及制度的政治倾向。在很多国家，公民的选票使一个声称降低政府开支增长速度的政党取代了执政党。

如果在确保合适的政府方案的过程中，保持价格稳定扮演了有意义的角色，那么当前的紧急保险预算将有助于解释大规模援助债权人的原因：预算并未包括政府显性或隐性援助银行债权人所产生的未来成本。我们首先讨论当前预算体系的缺陷，然后讨论我们认为有助于纠正现状的改革措施。

当前“大而不倒”预算的缺陷

多数政府预算并未意识到或有负债，因为他们遵循收付实现制，只有产生了如保费之类的现金流入，才能确认政府保险收入；同样只有当支付保费并产生现金流出时，才能确认政府保险成本。只有现金流入和现金流出同时发生，现金制度才能准确反映政府的财政状况，但是，保险计划的成本和现金流出远远迟于现金流入，因此现金制度为显性和隐性保险计划制定了不合适的底线。例如，即使在未来银行将产生巨额亏损，在现今制度下，收取名义保费、而且不受银行破产影响的存款保险计划仍然能够产生利润。

在现金制度下，人们存在很多错误的认识，这就导致政府或有负债规模过于庞大。随着计划预算成本与实际经济成本之间的差距越来越大，过度供给也不断增加。对于“大而不倒”政策而言，这个差距仍是巨大的，因为它将导致大量预算流出，但是在预算中这些政策的成本为零。在很多方面，“大而不倒”援助的过量供给都是显而易见的，包括缺少援助限额、缺少对援助的期望，以及限制大型银行破产风险溢出效应等。如今这些过量援助的迹象一目了然。

预算专家已经意识到，或有负债所采用的现金收付制度无法为决策者提供合适的动机。

例如《政府预算手册》(*Handbook of Government Budgeting*) 提到，"现金收付制度没有为损失控制措施提供合适的需求或动机，所以应该为保险人自身利益与控制损失需求之间的脱节承担主要责任。"

因为保险计划似乎没有成本，决策者自然而然地任由保险计划自主运营。在防止灾难性损失的过程中，积极管理保险计划敞口应该扮演关键的角色。

异常的预算发送错误的信号，从而增加了纳税人的总体成本。在现金收付制度中，预算并未包括关闭或清算破产机构所产生的费用，所以如果决策者试图规避保险政策的成本，他们就会迫使监管机构援助破产机构。如果提供援助反而加快了金融机构的破产速度，那么美国国会就会拒绝提供援助，因此监管机构维持破产机构的运营，将产生庞大的成本。如果以 1990 年的美元价值来衡量，那么关闭资不抵债机构（也就是说流动资产为负值）能够节约 660 亿美元。

为了帮助决策者培养积极管理"大而不倒"的动机，预算系统应该反映"大而不倒"援助的巨大成本及其造成的巨大损失。如果大型银行的境况很糟糕，决策者的行动使得援助大型银行债权人的概率增加，那么政府肯定遭受损失。如果远期成本逐渐下降，那么系统应该能够产生预算结余。采取行动降低"大而不倒"援助能够带来有形收益。

预算的困境：有关权责发生制的讨论

如上所述，收付实现制预算系统产生很多问题，所以我们需要的会计核算应该能够在成本活动发生时，识别出长期成本的变化。据说这种会计核算以权责发生制为基础，下面我们说说权责发生制下，或有负债运作方式的细节，接着讨论决策者抵制权责发生制预算的原因。

TOO BIG TO FAIL
THE HAZARDS OF BANK BAILOUTS

一个权责发生制的实例

预算分析家已经创造了很多根据权责发生制记录或有负债的方法。我们归纳了一种特别的建议，它表明通过设计和实行权责发生制，能够更加清晰地展现决策者的动机。在一个有意义的权责发生制会计核算系统中，1991 年存款保险成本与基于收付实现制的系统有着很大的差异（500 亿美元对 800 亿美元）。

我们根据乔治·布什（George H. W. Bush）1993 财年联邦存款保险和其他联邦保险计划预算归纳整理了这个特别的建议。布什改革建议的关键是，创造一个能够记录应计成本的预算内方案（图 8—1 更加动态地反映了相关流程）。对于存款保险而言，这个预算方案将记录“从年初至公司倒闭期间拯救破产公司导致的成本增加额，对于继续营业的公司而言，就是年初至年底的成本增加额。”估计增量的方法源于对基本金融和统计方法的简单模仿，我们根据净值（政府成本扣减预期收益）计算解决方案成本。

在预算变更之前归集的成本被计入清理账户，当然这个账户是在核算范围内的。这两个账户都向一个预算外融资账户支付款项，基于预算外这一特性，向融资账户支付款项将使人们意识到这种预算支出。这个预算外账户将记录与保险计划有关的现金流量，包括保费的收集、保险赔偿金的支付和资产投资。因此，这个应计制度每年都能够形成现金流量信息，这对于一些分析家而言十分重要。如有需要，融资账户也能够借用营运资金支付赔偿金，最终通过现金流入偿还借款。因此，将这些现金交易从预算中剥离出去就能够减少短期波动，否则将会造成虚假的证券交易（如某一年偿还借款较大的现金流出，而在第二年因为售出资产而产生较大的现金流入）。

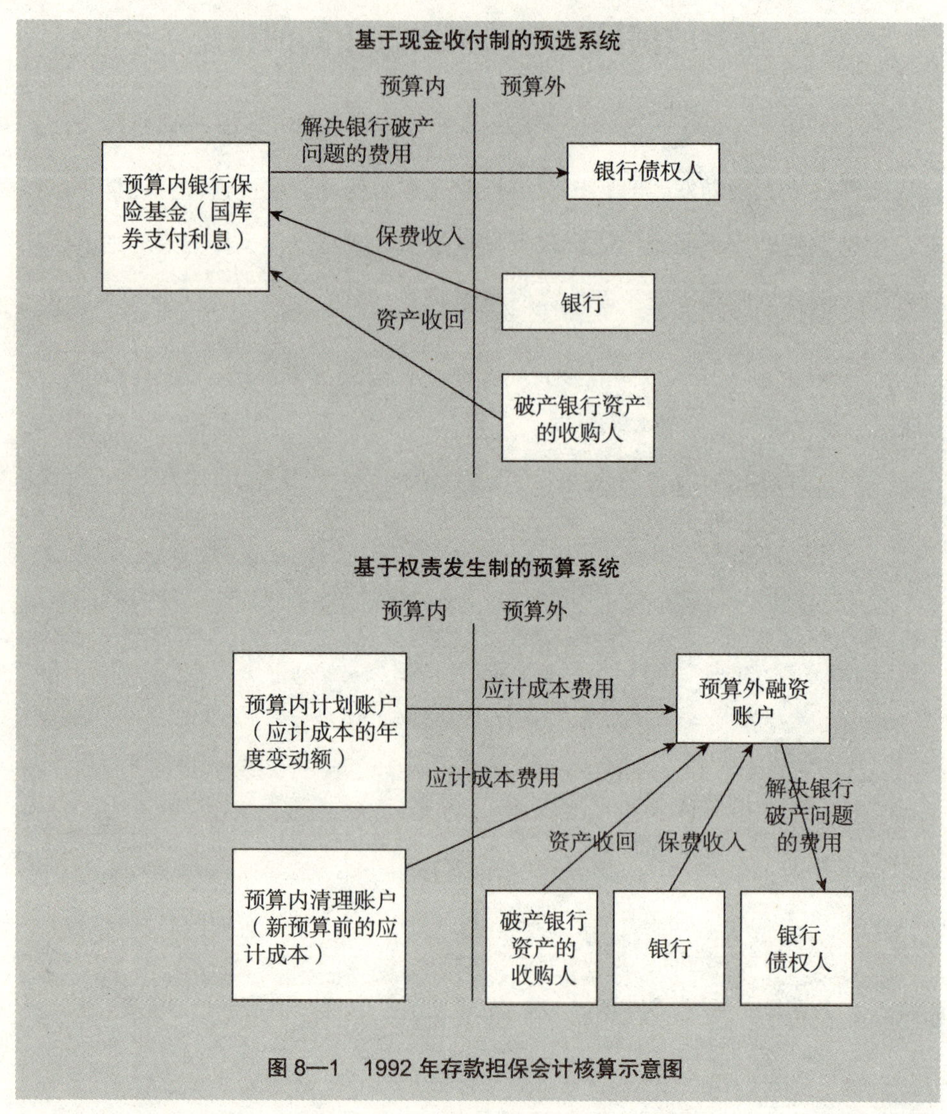

图 8—1　1992 年存款担保会计核算示意图

通往权责发生制预算体系的道路上仍然存在阻力，对此我们可以进行解释并加以管理。阻力主要来自,希望预算可以模糊政策行动并从中受益的决策者，以及不希望准确归集成本的人们。首先，改革损害了这些决策者的利益，所以我们意识到他们不会欣然支持改革措施。其次，对改革措施采取遮遮掩掩态度的决策者，将断送自己的职业生涯，而支持改革的决策者将就此飞黄腾达。

有些阻力也表明，决策者不希望在其任内，政府方案的成本出现大幅增长，所以他们自然而然地采取不合作的态度。如果成本增加，反映了前任决策者不同的政治决定，那么对于决策者而言，改变会计核算基础所导致的成本增加完全超出了他们的底线。为了解决这个问题，分析家可以设计新的权责发生预算系统保护决策者，防止累计负债成本的确认产生不良后果。只有未来成本能够影响当前的预算总额及相关决定。

有些人对权责发生预算系统仍然持有很大的疑虑，我们简单罗列他们的反对意见并予以驳斥。一个普遍的疑虑是，预算规则和会计核算并未改变决策者的行为。经验主义证据证明，预算规则和机构政策确实影响结果。有关权责发生制度的会计核算和相关改革措施的证据相对较少，但都是正面的。1990年《联邦信贷改革法案》将政府信贷方案的核算基础从现金收付制更改为权责发生制。预算分析家认为，尽管可比较数据仍不完整，但是此次改革之后，几乎所有的信贷政策变革都降低了远期损失。第二个反对权责发生制的意见，集中于成本的提前确认。权责发生制将使政府记录或有成本，因为记录这些成本并不是政府的法定义务，或者因为政府能够在未来采取措施防止确认成本。有人认为，在政府核算账户里确认紧急成本，甚至使人们误以为政府将继续承担与其无关的成本。

在我们看来，仅仅因为或有成本确认的问题就公然反对权责发生制，这等同于认为政府可以通过假装不知，或采取建设性模糊战略信守拒绝援助的承诺。我们希望很容易解决潜在的“大而不倒”援助问题，但是这两种策略从未经历实践的考验，因此我们予以抵制。在我们看来，要求决策者识别未来“大而不倒”援助的成本会使决策者相信，决策者将采取行动避免预算困境。

第三个疑虑是，权责发生制会计核算要求分析家估算政府或有负债，尤其是隐性负债的规模，而这只能依赖科学猜想。一家大型银行破产的概率，或银行债权人接受援助的概率，是很难准确计算的。但是，所有的政府预算都包含了或有负债估值，有些预算系统只不过使其变得不透明。例如，在现金收付制下，或有负债的预估成本是零，因为并没有任何记录紧急成本的数据。鉴于“大而不倒”援助的历史成本，我们认为预估成本为零显然是不正确的。在计算政府金融紧急成本方面所取得进步，使政府很难拒绝估算潜在的“大而不倒”预算成本。

第四个疑虑是，预算数字变动性有所增加。在较长时间里，根据权责发生制估算政府紧急援助的成本，将导致成本在短期内出现大幅波动。即使这些估算措施是准确的,有些分析家也认为决策者不应该对估值的变化频繁做出反应。在他们看来，现金流量将抵消这样的波动，允许决策者有效应对长期风险敞口。

相反我们发现，合理估算程序所产生的估值变动是一个重要信息，决策者在讨论潜在的风险敞口时，应该予以考虑。也许我们应该期望，政府担保银行负债的风险敞口是暂时的。毕竟随着时间的推移，银行的金融状况将更加动荡不堪。

图 8—2 描述了在美国银行系统里，合理安全等级最差（资本充足率、资产质量、管理能力、盈利性、流动性的等级为 5）的银行资产所占的百分比。根据美联储破产预测模型的计算，破产率超过 50% 的银行都出现了相似的状况。这些图表揭示了银行系统发生的意外变革，这些变革将影响一家大型银行破产时，政府面临的风险敞口。抵消这样的波动将使决策者无法理解，担保银行债务将对短期经济和金融秩序的稳定产生影响。

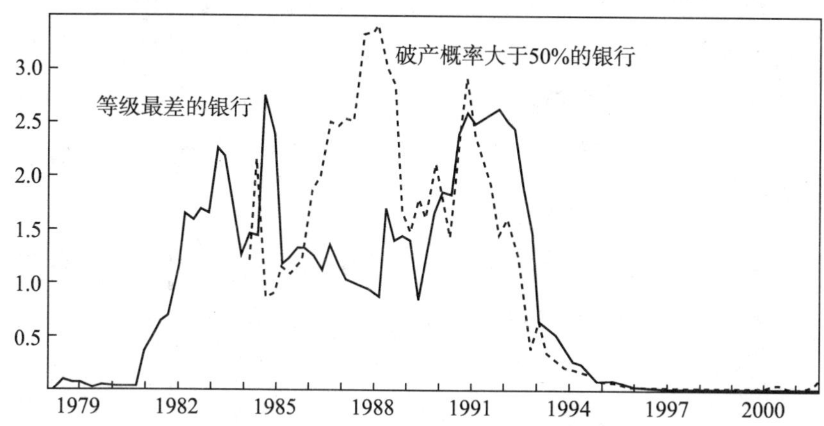

图 8—2 1978 年至 2002 年银行系统健康示意图

预算变化

决策者可以利用很多方法，借助权责发生预算制度应对与潜在的银行援助有关的或有负债问题。一个国家所选择的预算系统，应该能够支持它的主要目标，例如，有些权责发生制预算系统，更易鼓励对银行政策进行改革。如果将“大而不倒”援助所产生的未来成本，视为或有负债是一个巨大的飞跃，那么国家没有必要使用这个预算系统。发达国家拥有庞大的预算，可以使用上述系统：通过使用政府或有负债估值计算当期的预算支出。如果国家没有足够的预算分析系统，就应该经常披露“大而不倒”援助的潜在成本，并更好地核算这些成本，最后在预算底线中加入这些成本增量。

预算披露可能包括“大而不倒”援助的预计成本、对估值不确定性以及与估值有关的关键假设和应激性的考量。广泛传播这些信息，能够迫使决策者在机构破产前限制未来的风险敞口，这种策略已经使一些美国保险计划获得成功。如果国家选择遵循这些迭代步骤，那么世界银行能够提供很多有用的分析工具和培训课程。如同世界银行职员所述，“对于世界银行和国际货币基金组织这样的国际机构而言，现在是时候（a）通过财政分析、政策分析和机构分析扩大对预算和负债的研究范围；（b）要求国家披露或有政府风险信息；（c）帮助国家改革公共金融框架以便应对所有主要的财政风险。”不幸的是我们相信，发展中国家或发达国家的多边机构并未努力采取行动实现上述三个目标。

TOO BIG TO FAIL

THE HAZARDS OF BANK BAILOUTS

09 降低决策者的不确定性

在意识到能够理性管理对“大而不倒”援助的期望值，并建立相应的基础时，决策者必须采取其他措施降低援助债权人的动机，应该减少一家银行破产引发连带效应，并导致其他银行破产的概率。这种风险溢出效应和不确定性，就是援助债权人的主要动机。在本章以及随后的两章里，我们开始讨论相关的改革措施。[①]

在本章，我们回顾了能够降低一个系统重要性银行破产带来的不确定性影响的政策和方法。有些因素使决策者对风险溢出效应产生高度的不确定性，并可能因此援助债权人。能够减少这种不确定性的改革措施包括：制订针对大型银行破产的监管计划并进行模拟演习；致力于减少在结算市场占据核心地位的银行破产的概率和破产成本；调整法律和规章制度，以便澄清处置破产债权人的方法；提高债权人资产的流动性。

① 改革的某些特征影响对其的讨论。改革措施数不胜数，且具有很高的技术含量，很多专业化政策和工业团体已经进行了分析。我们仅讨论一些改革的案例，并仅分析当前案例。

情景规划

通过事先了解其他银行与破产机构之间的风险敞口，并预演对机构破产的反应，决策者就能够减少一家大型银行破产产生的不确定性。此外，通过使债权人了解正在发生的应力测试和应急计划，决策者就能够使债权人面临更大的风险。

监管机构和银行一直强调商业复苏和应急计划的重要性，并将其定义为"确定关键信息系统和商业功能、制订计划，以便在机构破产时能够恢复这些系统和功能的一个过程。"千禧年问题使这个计划从理论转为现实，强化了确定机构破产诱因，并制订方案迅速恢复商业运作的需求。

恢复商业运作所具有的高度重要性，与人们强调应力测试遥相呼应，而后者被定义为"检测异常但真实的事件所导致的，一系列特定风险因素的变化，及其对公司金融股状况的潜在影响。"应力测试已经成为风险管理的标准方法，能够考量风险敞口的类型和规模。

应急计划和应力测试并非紧密相连，但是在这两种情况下，银行经理们根据情境，决定如何组织他们的业务并识别需要承担的风险。与此类似，应力测试和应急计划，影响监管机构评估单个银行的冒险行为。在面临千禧年问题时，监管者认为，没有详细应急计划的银行是不安全和不稳定的。此外，监管者也会考虑通过应力测试评估单个银行的危险性（如我们所述，整个银行系统面临的风险）。

因为应力测试和情景规划，能够降低监管者对银行和金融系统风险的不确定性，所以它们应该在"大而不倒"管理中起一定的作用。从大型银行破产预演中收集的信息，能够帮助决策者最小化援助数额，而且不会形成金融动荡局面。预演也能够帮助决策者立刻采取行动，避免制订解决方案。

监管应力测试

首先监管者应该确定，一家系统性关键大型银行破产是否溢出风险，并影响其他银行和资本市场，以及具体的影响方式。为了易于管理这个任务，分析家应该研究少数金融机构，也就是一个国家内 3~5 个超级金融机构。首先，监管机构应该决定何种特别事件，如股市崩溃、利率巨大波动或短期资本市场流动性下降，将影响这些金融机构的偿债能力。为了获得初始印象，监管者可能依赖这些特定银行的既有场景。如果这些情景表明所有金融机构都具有完美的偿付能力，那么决策者就会拥有更大的信心应对这些非援助事件。

有些既有情景能够表明，其中一家大型机构开始资不抵债或者即将破产。这个结果将引发第二阶段的测试：调查一家机构破产如何影响其他 2~5 家机构的偿债能力。这就需要检查工作日结束之后，一家银行欠其他银行多少钱，当然这需要分析机构数据和结算处理器。随着时间的推移，研究金融机构之间的风险敞口，能够更好地解释某一天和一年当中，任意时点风险敞口波动的原因。

尽管起初这个程序仅仅单独评估少数银行的少数情景，但是我们希望最终这个程序能够考量更多情景和金融机构（例如大型复杂金融机构）。大范围收集数据并进行分析，将产生大量成本。如果要求金融机构全面报告其与其他金融机构在所有金融业务方面的敞口，将是一件极为困难的事情。我们确信需要大量的时间和精力才能完成全面报告，而结果可能并不理想。

但是要求当局进行分析似乎是合情合理的，尽管它的成本非常高昂。机构更关心的是他们与破产公司之间的敞口，而不是理解他们公司的破产如何影响其他公司。政府拥有合适的动机和权力衡量、监管并抑制潜在的溢出效应，否则纳税人将不得不承担溢出成本。与分析私营公司不同，政府将会关注溢出效应和机构间的风险敞口，哪怕是不健全的信息都能够丰富决策者的知识面，并提高决策者做出理性决定的能力。此外其他国家也认为，类似的数据收集程序已经提高了他们测量实际溢出风险、而不是假设风险的能力。

监管应急计划

尽管上述步骤与应力测试很相似，但是我们即将讨论的是监管应急计划。监管者应该制订应对大型银行破产的详细计划，在模拟情景下测试这些步骤，并根据测试结果调整步骤。由于超级金融机构的业务瞬息万变，监管者应该定期重复循环过程。监管者必须拥有足够的文件和数据，以便能够决定机构破产时银行的偿付能力及其与对其他银行的敞口。这个程序应该包括审视监管者能够利用的数据形式，以及监管者希望金融机构提供的特定变量，也许它还包括监管者利用银行的专有模式评估有价证券组合的能力。最后，监管者必须确定，金融机构所能提供的信息与监管者要求之间的差距，我们认为决策者的首要目标就是消除这些差距。

鉴于情景规划的目标就是减少对未经保险人的援助，监管者应该模拟解决方案，而有关银行解决方案的大量文献使得这个任务变得相对轻松，这也是践行者所关注的。当然为了有效应对危机并杜绝行政不作为的现象，这些文献特别强调在大型银行破产前，监管者应该考虑不同的解决方案（破产清算、国有银行或过渡银行接管破产银行资产）。这些文献还认为，合适的解决方案取决于手头的案例和特殊情况。只有对各种案例进行广泛的实践和演练，那些负责处理大型银行破产的人员才能更理性地修改方案，将援助债权人的可能性降到最低。

我们认为我们的议题能够建立普通的计划目标，指导监管者制订能够拯救银行的应急计划原则。监管者应该根据他们和学术团体制订的最佳实践指南行事，例如，最近几年很多报告已经指出，需要分析在银行成为对手之前所能从事的活动。由于在保护债权人时政府已经成为有效的对手，这个指南说明了在危机爆发之前，决策者应该获得的信息和数据。

我们对历史的解读以及最近的趋势都证明了情景规划的价值。尽管美国联邦政府官员认为应急计划具有很大的应用价值，但是当伊利诺伊大陆国民银行破产时，他们显然是毫无准备的，虽然他们认为已经有效监管了金融局势。对于那些已经通过分析取得货币政策成功的中央银行家们而言，我们所描述的情景规划其实就是一个标准。最后，越来越多的人使用情景规划，评估一个国家抗击金融危机的能力。在这方面，应力测试是宏观审慎分析的一个关键要素。

公开情景规划

与规划同等重要的是，向银行债权人披露情景规划细节。如果决策者仅仅与部分知情人士讨论情景规划的存在性，那么他们就错过了阐述道德风险、致力于使债权人遭受损失从而改变债权人期望值的机会。不幸的是，监管者和存款保险人所制订的情景规划并未对所有监管机构公开，更不用说公众了。因为公开情景规划并不会指名道姓，所以不会产生动荡局面，我们认为做出这样的努力是值得肯定的。增加情景规划的透明度也反映了我们从货币政策历史中吸取的教训。在建立并维持稳定价格的公信力的那段时间里，美联储也增加了政策分析和政策目标的透明度，较大的透明度增加了美联储的公信力。与此类似，采取步骤使降低援助的目标大白于天下，也能够建立政府的公信力。

澄清法律和制度立场

银行债权人（多数情况下就是银行本身）法律和制度立场的不确定性增加了援助的可能性。不确定性使债权人对银行破产损失深表忧虑，因此他们就会选择撤回资金，或者拒绝增加资金供给量，这样大型银行就会在流动性或净资产方面遭受重大损失。决策者担心金融机构瞬间破产及相关的溢出效应，在这种情况下就更有可能援助债权人。不确定性将使债权人遭受的损失远大于预期。例如，债权人也许发现，自己无法清理破产银行的抵押资产，较大的损失可能导致政府援助。

我们已经强调了几个能够降低不必要或意外损失的例子。其中一个重要的动机就是降低金融契约，尤其是衍生品契约文本的可变性。这种可变性延长了在银行破产时，人们索取赔偿的时间，也就在无意间使债权人无法享受权利。[①]

确保债权人执行标准金融契约条款，也能够降低潜在的不稳定性。例如在美国，很多金融机构和管理机构支持改革，并执行所谓的提前终止和终止结算条款。终止是指银行债权人提前终止金融契约的能力，清算允许债权人执行针对破产银行的所有金融契约债权或债务。终止结算条款使大型银行债权人避免了冗长的破产过程，[②]通过避免“选择最有利的投资”（也就是银行清算人承认对破产公司有利的合约，宣告不利的合约无效），结算减少了损失。

---

① 在应对这些疑虑时，债券市场协会、国际互换和衍生品协会和全球文件指导委员会发挥了相应的作用。

② 国际金融风险协会对终止结算确定了一个清晰的概念：“终止结算是通过一次性结算，结清针对一个机构尚未到期的所有债权债务的财务行为，当任命机构清算人时这种行为就会立即发生。”

很多观察家相信，终止结算能够减少破产溢出的风险，因为它降低了债权人的损失，允许银行尽快建立对冲战略，维持结算的持续性。与此相反，有些分析家认为终止结算实际上增加了不稳定性，因为它使很多对手放弃义务，转而重建对冲交易。这些忧虑似乎不是拒绝改革的合适理由，即使并未终止结算，一家大型银行破产后，对手仍然具有重建义务的需求。

人们对于美国债权人能够从衍生金融品契约获得多少收益无法形成定论。对于附属担保以及银行清算人宣布某些“不可撤销”债权无效，有些国家法律制度仍然存在相似的不确定性。当然有些国家甚至整个地区，如欧洲联盟，已经努力通过增加法律确定性减少溢出风险，但是我们选择讨论终止结算，因为即使得到强大的政治支持，最终制订改革方案也将面临巨大的挑战。

尽管法律的不确定性能够在一个国家产生潜在的溢出效应，但是很多分析家已经注意到，在有关应对大型复杂跨国银行（通常被视为“大而不倒”）的法律制度和管理制度中，存在很多不确定性。与国内情形类似，国际银行的债权人也许有理由担心，法律制度或管理系统否认他们对资产的所有权甚至剥夺他们的资产，这可能导致挤兑、系统瘫痪或使债权人蒙受巨大损失，这些反应能够导致破产风险溢出和财政援助。

有些法律或管理系统的不确定性源自基本冲突。关闭一家大型跨国银行牵涉到很多国家，但是跨国银行采用的是相对统一的管理模式。例如，一个国家的政府也许试图挽救一家濒临破产的跨国银行，因为这能够使本国债权人的回报最大化（这就是风险隔离）。这个狭隘的做法剥夺了其他债权人的资本，产生不可估量的损失，极大地干扰了本国监管机构最大化债权人回报的能力。

在面临一家大型跨国银行破产的情形时，决策者可以通过几种方法减少不确定性。使用第一种方法，他们可以在不同国家之间协调法律操作和金融事件的问题，对此联合国予以支持。如果能够精心调整有争议的规则并使其仅仅影响少数银行和国家，那么这个方法将更为有效。此外如果不同国家致力于共同化法律框架，那么沟通协调将发挥作用，例如欧洲联盟能够制订《对欧盟银行重组与清算制度的指令》（*The European Directive on the Reorganization and Winding up of Credit Institutions*）。

与试图协调规则不同，第二种方法鼓励单个国家澄清有关跨国银行破产的立场。尽管有些国家也许不会使本国债权人利益最大化，但是这个方法至少能够最小化意外事件。第三种和第四种方法主要关注不同国家之间的监管协调和沟通机制。在最近跨国银行破产事件中（例如国际信贷商业银行［Bank of Credit and Commerce International］），不太理想的非正式协调和沟通机制已经导致了不必要的成本，增加了债权人的不确定性。为了应对这种忧虑，跨国监管机构列出了"银行监管者合作机制的关键要素"的清单。

在我们看来，此类合作的目标使所有债权人而不是本国债权人的回报最大化，于是更多的信息共享、任命破产解决机构的官员成为可能。因为它们能够帮助监管者对抗最大化本国债权人回报的压力，监管者更多地达成正式协议，例如有关跨国银行破产的合作协议能够推动双方之间的合作。

与国内情形类似，有些观察家相信在有效应对与跨国银行破产相关的不确定性的过程中，存在一些不合适的流程，问题是如何在实践中采纳相关的建议。我们提供了几个可供讨论的选择，并意识到需要继续分析研究，才能更好地确认这些改革措施的净效应。

资本监管提供了一个模式，如果银行所在国家允许结算，那么这种监管措施能够提供合适的资本处理方法，这似乎鼓励国家通过相应的法典。如果降低系统风险能够为国家或国家的核心利益带来有形的收益，他们就会更为主动地进行改革。如果银行所在国家没有广为接受的法律和管理制度，那么决策者使用这个方法就能限制银行的市场渠道。

主要结算机构的改革目标

两家美国银行为主要市场参与者提供全套金融服务，允许结算包括美国国库券在内的金融交易（也就是说可以使用现金购买有价证券）：纽约银行和摩根大通银行。对于试图降低“大而不倒”援助可能性的决策者而言，控制结算交易的银行也存在于非国库券市场，它们构成一个特别的挑战。尽管我们称为主要结算机构的破产并未给其他机构造成重大直接损失，但是无法为商业公司、其他银行和其他资本市场参与者提供关键服务将导致溢出效应。如果没有这些公司，也就不存在资本市场交易，公司之间的结算陷入瘫痪，商业公司和金融公司也许无法判断所拥有资产的数量和类型。一个重大运营事件，如“9·11”恐怖袭击、主要结算结构自发决定终止特定的结算业务或机构破产，之后可能出现结算服务的崩溃。

尽管主要结算机构提供常规服务的动机是利润，但这种想法是不完整的。所有其他公司和消费者受益于活跃的证券交易和结算业务，但是主要结算机构的决定对他们产生重大影响。如果这些结算系统里的任何一家主要银行无法提供服务，整个系统都将陷于瘫痪。但是在做出相关决定时，主要结算机构不会考虑这些系统成本。有些事情，如彻底终止结算业务，对于主要结算机构而言是合情合理的，但是对于整个社会而言并非如此，还将带来庞大的成本。

因此决策者就有理由降低主要结算机构破产的可能性，促使市场更为有效地应对一家公司服务量的下降。由于这些机构在结算业务中的关键角色，社会几乎无法容忍主要机构服务的中断，这种政策干预极大地增强了拒绝援助的信心。

我们发现当前美国对主要结算机构变化的讨论是合情合理的，所以对此我们进行简要概述。其中一个政策取向，关注监管者在考核主要结算机构重新恢复（也就是说服务中断导致所有交易陷入瘫痪）服务的能力时所应用的标准。鉴于有些银行应该执行更高的标准，监管者在草案中建议，金融行业的一个新兴目标是："在关键金融市场扮演重要角色的银行和其他金融公司，应该制订一个恢复时间目标，保证服务中断后 4 小时内重新恢复服务。"所谓的主要票据交换和结算组织，应该在事件发生后两小时内重新恢复服务。最终的定稿反映了这些普通目标，但是并未表明它们是强制性要求。

第二种潜在的政策取向试图降低结算系统对主要结构的依赖性，但是决策者似乎贬低这个选择。鼓励新成员机构加入结算系统也许无法产生效应，因为替换现存的结算机构的成本十分高昂。在当今的制度下，在主要结算机构破产后推出新结算机构似乎也是不可行的，因为结算服务瘫痪之后，客户的主要金融数据已经全部丢失了。如果政府机构需要较大的市场份额，势必将影响创新和效率。

第三个选择是将一些关键结算服务，转移至一些将维持系统运营视为核心目标的"公用事业公司"。这个选择意识到监管标准并未解决导致服务瘫痪的所有主要问题，尤其是结算机构擅自退出市场的问题。鉴于公用事业公司的结构，这个选择通过创造有限使命、小范围业务和控股所有权的结算机构应对人们的疑虑。因为公用事业公司并未涉足结算业务，所以不会擅自退出市场。

此外，公用事业公司不会受到无关活动的威胁，服务消费者拥有所有权将鼓励创新并节约成本。

最后一个混合选择将较高的监管标准、对垄断机构较低的依赖度和公用事业公司结合起来。它想象主要结算机构能够实时备份服务数据。与公用事业公司类似的第三方将控制备份进程，确保成本相对低廉。在这种框架下，一个主要结算机构没有提供服务不会导致结算系统陷于瘫痪。

我们希望所有选择都能发挥功效，但是我们也意识到它们存在重大缺陷，监管标准的设计和执行必须依赖仔细的审核。如果增加主要结算机构的成本，那么监管标准将增加擅自退出市场的可能性。纽约银行和摩根大通银行以及其他行业参与者对于特定类型的公用事业公司持严重的保留意见，他们认为这将遏制创新并导致严重的运营限制（例如需要筹集运营资本）。但是他们和管理者至少部分赞同混合选择，这就为短期改革铺平了道路。

便于向债权人支付款项

当一家银行破产时，债权人也许仍然能够从拍卖银行资产所得中分到一杯羹。尽管每个国家的情况有所不同，但是债权人的债权可能被冻结长达数年之久。为了避免此类成本，决策者也许在银行出现破产征兆时撤出资金，从而造成挤兑现象和得到更多的财政援助。剥夺债权人的正当债权将迫使政府提供援助。

在认识到债权人接触自己的资金与援助之间的联系后，几位分析家再次强调债权人资金的快速回笼。迅速提供现金援助能够降低挤兑的可能性并缓解援助压力，使银行在合理的时间里恢复营业，这些结果大幅提升了决策者使债权人遭受损失的信心。实际上早在20世纪80年代早期，同样的逻辑促使联邦存款保险公司相信，根据破产银行资产的清算价值向债权人提供资金，是有效规避更多未经保险援助的一种方法。对此联邦存款保险公司进行试验，发现它确实有效，但是当伊利诺伊大陆国民银行破产时这种方法却惨遭放弃。

政府掌控范围之外的某些条件使得立即提供资金变得更加困难。欺诈、难以估算的资产或保管不善的记录使得人们很难确定债权人的债权数额。但是在很多情况下，政府能够迅速采取行动提供流动性来支持债权人。基本监督和管理制度能够保证银行保留完整的记录，政府还能够通过保守偿付防止提供过多的援助。

1992年至1994年，联邦存款保险公司事先支付了大约3亿美元津贴给债权人以避免付酬过多。联邦存款保险公司认为，这个方法"使未经保险储户拥有了收回未经保险存款收益的机会，也保留了大储户遵循市场纪律的动机。"政府也能够通过立法使预付款成为可能，例如1991年的《联邦存款保险公司改进法案》授权联邦存款保险公司根据既往平均援助额，决定债权人的最终清算价值。在伊利诺伊大陆国民银行破产后，这种预付款选择能够使决策者长舒一口气。平均援助比例大约是90%，这就意味着债权人将遭受损失，但是不至于使他们的所有资本丧失殆尽。

有些国家可能无法在短时间里筹集足够的人力资本和资金偿付债权人，但是所有国家都值得朝着这个方向努力。毫无疑问除了美国，只有少数国家拥有必要的运营要素，以便在银行破产后能够迅速办理汇款。

控制债权人的损失

另一种解决溢出效应并增强决策者信心的方法，是直接控制债权人的损失，或者对损失进行分配，这样就可以增强市场规律的作用，同时又不会大幅增加不稳定性。我们将讨论四个方案。

第一，减少损失的直接方法是，让监管者在银行仍然有偿债能力的时候将其关闭。第二，与第一个方案相关的选择方案要求，处于不利境地的银行提高金融储备，以降低债务持有人遭受损失的可能性。

第三个方案是允许事先对债权人提供援助，以减少溢出效应的威胁，同时也允许债权人承担足够的损失，鼓励他们更好地确定银行债务。第四个方案是允许选择性偿付未经保险债务，但是在通常情况下，这会增大债权人遭受损失的可能性，而且未经保险债权人获得的偿付金额，取决于倒闭发生的时点。

通过关闭资不抵债的银行控制损失

本章的主题是，决策者援助银行债权人的可能性，在一定程度上取决于债权人在银行倒闭时遭受的损失。如果债权人将遭受巨大的损失，并可能导致它们自身的破产，决策者就会认为，这将产生重大的溢出效应，并因此有更好的理由援助债权人。因此，减少援助的最直接方法，就是减少债权人的预期损失。而减少预期损失的最直接方法就是关闭即将倒闭的银行，即使他们有足够的资产偿还所有债务。简而言之，政府需要一个系统，该系统负责关闭有偿债能力、但境况不佳的银行。

然而，识别境况不佳的银行并非易事，而且处理这些银行通常需要花很长的时间，所以一个传统意义上的稳健安全体制是不可能在银行仍然有资本金的时候将它们关闭的。更具吸引力的替代方法是，监管者先发制人，比如根据银行的一些可观察特征，限制它发放股利或限制其扩张，这些可视特征将被视作触发器。银行的这些可视特征一旦恶化，我们还将加入另外的触发器，并将对银行实施更为严厉的惩罚和限制措施。在这种替代方法下，如果银行没有改进绩效，即使它的资本金还是正数，也将会被关闭。

这种替代性方法被称作“早期结构性干预和处理方案”，国际货币基金组织的职员们称之为“有效而具竞争性的银行系统的关键组成部分”。美国采取了其中最为典型的方法——快速纠正行动（PCA），1991 年的《联邦存款保险公司改进法案》将该行动付诸实施。我们发现，从理论上而言，这些行动具有吸引力，但是在执行过程中，它们都存在一定的缺陷（多数是可以弥补的）。

人们忧虑早期披露体制是否具有可信性。一些评论员发现，很难相信决策者会关闭在一个国家中占主导地位、并且资本金仍为正数的银行，因为银行家与政治领袖之间的联系是非常紧密的，而且一个国家银行体系的集中度也可能随关系的紧密度上升。如果一家银行只是在短期内失去了偿债能力，早期披露体制的可靠性就可能受到更大的挑战。那些触发器将不会给监管者任何适应环境变化的时间，也很难确定银行的资本金数量。

即使决策者愿意关闭资产为正数的银行（不管它的大小），实际操作起来也会是非常有难度的。为了最为有效地利用这些体制，决策者必须设定一些有效的触发器。这些触发器应具有以下特征：（1）在很大程度上不受银行的操纵；（2）反映机构现在的风险特征；（3）能够定期计算和观察；而且（4）它的设定要让那些存在倒闭可能性的银行被关闭，而让那些可能生存下来的银行继续经营。此外，尽管早期披露体制看起来是有效的，但是它必须采取步骤消除监管者的随意性。

快速纠错行动的触发器无法满足这些标准。《联邦存款保险公司改进法案》要求限制银行的杠杆利率，并提出了基于风险的资本金要求，设定了可容许的有形资本与资产之比的最小值。但是它允许监管者决定如何定义这些触发器，并允许他们建立其他的触发器。监管者设定的快速纠错行动触发器是以账面价值资本比率为基础的，而资本的账面价值是银行资产和负债的价值之差，这通常是以历史信息为基础的。

批评者们很久以来就一直在抱怨，账面价值资本比率提供的是关于银行承担风险的“后窗”信息。这个比率下降，说明损失是发生在过去的，而且如果一家银行不能及时地认识到自己的损失，便可能虚增账面资产水平，最终却仍然会因无力偿债而倒闭。

对大型复杂金融机构来说，账面价值是一个非常不合适的触发器，资产的账面价值设定了银行持续经营的背景（这就是说，一个银行能够继续经营）。如上所述，在转移一家大型复杂金融机构资产时，监管者可能面临很大的困难。如果银行不能持续经营，而监管者仅能以按份出售的形式转移银行资产，那么损失可能非常大。

对快速纠错行动进行的有限的实证研究，证明这些忧虑并非多余。研究发现，在《联邦存款保险公司改进法案》出台之前，联邦存款保险公司并不认为，倒闭概率非常高的银行缺乏足够的资本金。美国政府会计署总结了这个问题，发现快速纠错行动条款“可能无法完全解决在20世纪80年代存在的一个重大不足，正如政府会计署和其他人提出的那样，比如说，监管者不能尽早地采取强有力的强制行动，防止储蓄保险基金产生损失或将损失降低至最低……在资本受到不利影响之前，很多机构已经在其他领域遇到资产质量和管理方面的问题。”

事实上，根据联邦存款保险公司对那些已经倒闭的银行所做的成本分析，在《联邦存款保险公司改进法案》实施后，银行倒闭的损失比率并没有下降。这些年银行倒闭的成本非常高，损失比率远高于平均水平，导致一些人质疑快速纠错行动的有效性。

尽管存在这些局限性，我们也不能全盘否定早期披露系统的作用，哪怕它执行得不那么完善。比如说，一个次优的系统也能够向债权人传递这样的信息：决策者试图减少银行倒闭的损失，因此他们可能会将成本分摊在未保险债权人身上。如果这种信号改变了债权人的行为，它将激起市场动力，促使银行减少冒险行为。

即使改革不完美，如果它改善了现有境况，那么它仍可以降低“大而不倒”

偿债的可能性。改革是一个循序渐进的过程，在提高“大而不倒”管理的过程中，创造一个限制损失的基础设施是第一步。一旦建立了一个以触发器为基础的监督系统，就可能更加容易进行另外的改革。

人们已经提供了很多改革，解决账面价值触发器的一些缺点。监管者可以将账面价值资产比率设定在非常高的水平，这样即使是那些有很多账面资本金的银行，也要受到严格的管理和监督以及潜在的披露约束。然而，我们并不支持这种措施。如果将资本金设定在非常高的水平，那么只有那些拥有足够资本金的银行才会披露信息。事实上，通过减少银行承担的风险，监督者能够降低银行倒闭的概率，但是这种体制成本太高了。

我们应该将触发器建立在资产和负债的公允价值之上。对于这个建议，我们有三点需要说明。首先，市场评估是非常有吸引力的。与账面价值相反，它融合了资产或公司的未来前景。我们将在附录 D 中讨论以市场为基础的风险评估，以及使之融入快速纠错行动和监管系统的重要性。其次，这个建议也并非创新之举。美国已经根据银行资产的公允价值，制订了早期披露系统计划。最后，更加适合的触发器能够让快速纠错行动更为有效。这一事实说明，现在的问题并不是系统性的，它与决策者做出的特定选择息息相关。

迅速注入资本金

通过将已经倒闭的银行资产分配给债权人，快速纠错行动解决了决策者对溢出效应效应的忧虑。另一个减轻决策者忧虑的方法是，确保境况不佳的银行能够迅速增加它们的净资产，使资产能够继续超过负债。及时注入资本金，避免债权人遭受损失或无力偿债，从而降低溢出效应。为使其成为一个可行的方案，一位分析师已经提出了一种金融工具，它将使一家即将破产的大型银行增加资本头寸。也就是说，这种工具其实是作为债务发行，然后将其转换成股权资本。

这一提案仍然处于早期阶段，而且最终可能证明是不可行的。因为仅仅通过重新增加资本的方法是无法使大银行免于被清算的，但这种治标不治本的方法实际上可能会让事情变得更糟糕。尽管如此，我们仍认为这是一种有效的尝试。

共同保险

我们不赞成通过法律制度解决“大而不倒”问题，在本书的开头部分，我们列出了银行倒闭给债权人带来损失的种种情形。在任何时候都拒绝援助债权人是不可信的，因为在极端不稳定的时期，这种政策可能站不住脚。我们的目标是，使债权人可以借助市场规律解决道德风险问题，同时也不排除提供政府援助的潜在好处。保险公司也面临了一个类似的困境，他们通过共同保险的方法解决了部分问题。在共同保险机制下，投保人也要承担部分损失，而不是让保险公司承担损失。

在援助债权人时，决策者可以强制执行共同保险。比如说，在异常环境下，政府可以赋予自己权力，提供一定比例的援助（比如等于资产的 75%）。但是决策者在执行共同保险政策时，可以选择很多种方法。这些方法之间的差别，主要是共同保险率的计算方法和援助哪些债权人的问题。

我们已经听到了人们对共同保险持有的三种反对意见。第一，它不够实际，难以执行。我们已经注意到，共同保险是私营部门保险合约必不可少的一部分。

大约有 15 个国家将共同保险纳入存款保护计划（接近 2/3 都是欧洲国家）。欧盟储蓄保险计划的强制性要求，也考虑了共同保险的作用。在美国，银行家联盟提出了一个共同保险计划，主要内容就是避免全额赔付债权人。

第二，一些人认为，这种方案扩大了安全网的范围，为偿付设定明确的上限，将会使道德风险问题变得更加严重。但是，我们的提议不会使政府进行额外偿付。现在还不清楚，为什么设置偿付的上限可能会增加援助发生的可能性。

第三，更为重要的是，设定共同保险率寻求道德风险和不稳定之间的平衡，是很有挑战性的。通过有限偿付银行债权人，这个政策应该能够降低债权人破产的概率。这个目标当然需要一个平衡性的行动，而且我们不应该假装已经知道了最优共同保险率，它既能防止发生溢出效应，又解决了道德风险问题。

但是其他国家的决策者，似乎已经在实践中找到了合适的共同保险率，并因此达到了上述的平衡状态。经验证明，在储蓄保险业务中实施共同保险方案，可以降低金融动荡的可能性。共同保险看似也能够限制债权人将损失风险转嫁给政府的企图，而且不会阻碍存款流入银行系统。此外不管决策者有没有正式启用共同保险体制，都需要在道德风险和金融系统不稳定性之间维持平衡。从现在的情况来看，我们认为这种平衡偏向更大的援助范围。

破产损失和时间的选择

控制债权人损失的第四种方案是以选择倒闭时间为基础的。它允许对一些大银行的未保险储户实施援助，但是限制或拒绝对其他人进行偿付，偿付上的差别取决于银行倒闭的时间。这个提议在大约 30 年前就出现了，我们对此提议的总结如下：

> 一个折中的办法是，当一家大银行开始出现困难时，它将被允许倒闭，但是一旦有大银行倒闭了，那么在一段时间内比如两年，不允许其他大银行倒闭。这将防止一家银行的倒闭引发其他银行的倒闭，因此也就保护了资金存量。不可否认，一旦第一家大银行已经倒闭，所有的大银行都将会觉得安全。但是，因为它们的安全期只有两年，而所谓的风险将很可能持续不止两年，因此它们将不会轻易提供这种保护。

最近有一项计划就遵循了这一模式，但是移除了其中两年的限制，并给予了决策者更多的自主权。这两个计划的关键之处在于，在债权人不知道他们的机构是否会首先倒闭的情况下，他们需要积极地使银行按照市场规律运营。与此同时，由于一旦发生溢出效应就可以对债权人实施援助，让决策者觉得允许第一家银行倒闭是合适的。

这种方案也有很多不足。从理论上讲，银行债权人试图维持银行的运营，避免成为第一个倒闭的银行。我们认为，在进行协调并等待援助的过程中，债权人不会孤注一掷，他们既同意银行倒闭，又对获得援助心存希望（只有系统性金融机构倒闭才会得到这样的援助）。还有一种情形，就是当第一家银行的倒闭给经济造成重大损失时，这种改革也可能是不可靠的。正是由于这一原因，我们建议实施多重改革以管理“大而不倒”问题。尽管在某些情况下，上述改革可能会使决策者感到不稳妥，但是也许配合其他改革，比如那些针对主要支付者的改革，可以加大保障力度。

TOO BIG TO FAIL

THE HAZARDS OF BANK BAILOUTS

11 控制支付系统的连带效应

现在，我们来考察支付系统，这也是我们针对控制连带效应提出的最后一个方法。当破产银行不能兑现许诺的现金支付，或不能交付有价证券等形式的价值载体时，支付系统的连带效应就发生了。那些无法获得这些现金或有价证券的银行，或许会面临正常业务受阻，甚至是破产的危险。为了控制连带效应，政策制定者可能会介入，救助破产的银行，也可能救助那些受此连带效应影响的银行。

支付系统的机制包含了参与其中的人员、机构和规则，以及保障交易的技术手段。某些支付系统，可能会导致某家银行因其他银行的破产而受到严重的影响（也就是说，这家银行可能会成为一家破产银行的债权人）。政策制定者和银行对这种潜在的威胁都有了明确的认识，并且许多改革举措也在实践之中。

在这一章中，我们将概述一些迄今为止所采取的支付系统的改革方案，尽管这些方案实施起来异常复杂，但在观念方面却是显而易见的。一种改革措施是消除银行间通过支付系统进行交易，或者大幅降低交易金额的上限。另一种改革措施则是建议建立某种机制，例如通过设置抵押物，来补偿银行因破产导致的不能支付的损失。

诸如此类的改革方案在近期才刚刚执行，它们都建议加强政策制定者的作用，以保证改革的顺利实施，并监督改革的长效进行。当然，我们也建议政策制定者在决策过程中，通盘考虑，以降低连带效应的威胁。

在本章的后半部分，我们将讨论政策制定者应采取的其他手段，以及在这些改革中所隐含的权衡考量。例如，支付系统的改革将限制银行间授信（credit extension）行为，这势必将把银行破产带来的风险转嫁给中央银行。也就是说，在这个过程中将产生道德风险，使中央银行成为破产银行的直接受害人。我们会讨论，中央银行应采取哪些手段来降低政府对支付系统紧急援助的可能性，并保证银行不会愿意承担额外的风险。闲话少说，让我们首先考察在支付系统中，连带效应是如何产生的。

支付系统中的连带效应

当两个银行处于支付关系时，一家银行应向另一家支付巨额的现金。这并非有意的授信行为，却因支付结算系统的延迟产生了。例如，在证券结算或外汇交易中，这种隐性的授信极有可能产生。购买证券的银行可能支付了现金，但在几小时甚至几天内都接收不到应得的证券。如果在买方银行支付了现金，但卖方银行还未移交证券时，卖方银行破产倒闭了，买方银行将承受巨大的损失。

在外汇交易中，一家银行完成了本端的支付义务（例如支付了美元），但未收到另一家银行应支付的其他货币时，也可能产生这种风险。举例来说，一家德国银行正在进行一笔跨境的外汇业务，并且收到了外汇，但是在以德国时区计算的一个交易日结束时，监管机构关闭了这家银行。无论如何，这家德国银行还未履行对境外银行支付义务，但它的破产已经将这笔交易无限期的搁浅了。尽管这类跨时区的外汇交易问题已经引起了人们的关注，但外汇交易的双方最终还是不能在同一时刻完成交易，即使是同一时区的交易，也可能存在类似问题。在大型银行之间，如果一项支付业务是代表客户进行的，或者进行的是超短期贷款，支付系统的弊端也可能会暴露出来。

在上述情况中，实际上支付系统延迟的时间是非常短暂的，最多不过几天，但它所涉及的金额却是异常庞大的。全球每天银行间的外汇交易额高达10 000亿美元，有价证券结算的金额也非常巨大（例如，每天美国国债的交易额达到2 000亿美元左右），相对少数的大型银行完成了绝大部分的这些交易。所以说，少数大型银行每天都存在巨额的支付义务。消除支付系统的延迟，将会大大降低银行破产对同行业的影响。

银行的确有对此问题深入研究的动机，但是，就如我们所论述的那样，银行的行动只会以它们自身的利益为目标，而不会考虑它们的破产对其他组织以及社会带来的恶劣影响。实际上，银行对交易系统弊端的管理是非常不足的，这使得政府不得不承担相应的角色（首当其冲的就是替银行支付欠款）。

联系到支付系统潜在的系统性风险，以及“大而不倒”的政策背景，我们必须接受当前的现实。有些意见认为，这个问题被过分地夸大了，至少没有被精确地描述和定义。有学者声称支付系统潜在的风险并非固有，更多的是由央行和监管机构的行动引发的。也有学者发现，在危机中，银行的支付系统运转良好，并没有引发连带效应。虽然并不完全赞同，但我们还是承认支付系统的弊端相对于从前已有所改善。接下来，我们所讨论的改革举措正是为进一步完善支付系统的目标而进行的。

支付系统的改革

政策制定者和银行家们认识到，建立更加实时的支付机制将带来如下裨益：（1）控制支付系统存在的弊端；（2）减小连带效应的威胁；（3）降低金融危机发生的可能性。也就是说，消除或大幅缩减交易系统的时延，从而大大降低连带效应产生的可能性。我们自然要强调这一举措带来的附加效益，那就是“大而不倒”的逻辑基础将被大大的削弱。如果连带效应不发生，政策制定者将失去保护相应债权人的理由。在联邦储备系统和学术界内，也有人认为，消除支付系统的弊端是保护相应债权人的最重要的举措。

除去加强支付系统的实时性，还有其他改善支付系统的方法。例如允许支付系统的操作员限制银行间交易的金额，或者减少通过电脑网络进行交易的次数。我们注意到，一些银行的支付是基于以往的账目进行的，而非每次都进行支付。还有更加复杂的形式：银行间的交易可以通过市场上的中间机构进行，买方只需要将款项支付给中间机构，然后由中间机构支付给卖方。

除了从一开始就考虑控制支付系统可能带来的损失，债权人也可以在有支付义务的银行破产后，通过其他途径来补偿损失。通常的做法是借助要求抵押品，抵押品使得补偿损失有了法律依据。

改善支付系统还可以借助保险政策。一家银行破产后，正与其进行支付交易的银行可以通过保险，选择分担一部分损失，使得大部分风险由保险公司消化，从而降低连带效应的威胁。

上面我们列举了在过去的十几年中为修补支付系统的弊端所采取的举措。接下来，我们将列出几个成功案例，作为读者的选择参考。

第一，G-10（Group of Ten，十国集团）和欧盟内部，从 2000 年起，对大额的交易采用实时的支付系统（从技术上，被称为实时全额结算系统，机构间的每笔支付，都可以实时结算）。尽管该系统可以降低银行间支付的风险以及连带效应发生的可能性，它却将风险转嫁给了政府，对此，我们将在本章的末尾进行论述。对于那些非实时的支付系统（例如美国的票据交换所银行间支付系统 [CHIPS]），官方也采取了相应的改革措施。同时，许多支付系统也更多地采用了抵押品和限额的手段。

第二，外汇交易市场上也采取了许多重要的举措。兴起于 2002 年 9 月的持续联系结算银行（CLS Bank）在这一领域发挥了巨大的作用。它允许外汇交易的双方在同时进行结算，这个过程被称为汇款同时交收（Payment versus Payment）。初步认为，持续联系结算银行可以修补外汇交易结算系统的漏洞。它将支付系统的时延降低到一个小时左右，大大缩短了原来以天计算的延迟时间。

第三，对于有价证券的结算以及相关的问题，也有了新的应对举措。从 1989 年起，货银同时交付（Delivery versus Payment）系统，便在极高的期望下投入使用。货银同时交付，类似前面描述的外汇交易中的汇款同时交付，使得银行不再承受支付了现金却无法获得证券的风险。

证券交易系统的其他改革，现在仍在积极的讨论之中（包括前面提到的建立更加合理的法制环境）。减少证券交易细节的确认时间可以带来裨益，此外英格兰银行的员工认为，不能实时结算的货银系统存在重大的系统性隐患。在如金融衍生品市场的某些证券市场中，提供网络、风险管理、流动性管理等服务的中间机构将有益于支付系统的改革。在其他市场上，中间机构也能够有效地控制风险。

支付系统改革以及政策制定者的认识

基于对支付系统改革的认识，我们对其在解决“大而不倒”问题中发挥的作用，作出以下结论。首先，支付系统改革指向连带效应发生的某些潜在根源。特别是通过中央银行和政策制定者的行动，已经证明了支付系统改革对解决“大而不倒”问题是切实有效的。政策制定者，可以并且应该持续地致力于此。

政策制定者所取得的成就，有助于我们得出第二个结论：政策制定者必须监控近来实施的支付系统改革，并且推动相关改革的进行。对近期正在实施的举措，如CLS银行的发展，以及美国票据交换所银行间支付系统的改革，都需要施加特别的监控，对证券清算系统的改革也应当提上日程。

或许对于政策制定者而言，改变观念已经刻不容缓，我们所列举的改革方案应当影响他们救助企业的措施。尽管商业银行的发展呈现出越来越复杂的趋势，新的连带反应也可能以新的形式出现，当前的政策制定者应该更加清楚，5到10年前导致他们采取救助行动的危机情势已经得到了解决，或者说部分地解决。政策制定者对他们国家所需要的改革更加明了，甚至已经把握了某一类支付系统发展的总体趋势（例如大额支付系统）。但是，我们不能确定大部分政策制定者是否对整个支付系统完全了解。

额外的改革与平衡

尽管已经取得了显著的成就，我们也应该清楚地认识到这些改革的不足之处。从定义上看，这些改革只是旨在解决银行间在支付交易时暴露的弊端。即使采用最优化的支付系统，一家银行的破产也有可能波及其他银行，例如当两银行间存在一笔长期贷款时，这种情况便会发生。如果一家银行（我们称为责任方 [respondent]）在账户上保留有其他银行（我们称为关联方 [correspondent]）的款项，关联方便会暴露于责任方的破产威胁之下。

为了保护债权人，减少他们损失，有许多其他的待选方案。揭示潜在的威胁，使债权人意识到他们的处境，是一种政策的引导。另一种干预主义的方案是，限制银行间的债务规模，也就是说为银行间的债务额设置一个上限。监管单位在大力推行这种所谓的单一借款人的限制，1991 年通过的《联邦存款保险公司改进法案》（*FDICIA*）也要求美联储加强对银行间业务的控制。美联储通过了这一法案，对资本不充足的银行的存款额施加限制，要求存款额不能超过责任方银行资产的 25%。这种限制可以更加市场化，应用于更广阔的领域。

我们还没有讨论改善支付系统弊端所涉及的平衡考量，这同样是很重要的，例如，设置抵押品所带来的成本问题。设置抵押品会降低银行持有的同类资产的价值，这是毋庸置疑的。

推行支付系统的改革，可能会带来一个更具一般性的重要问题，那就是改革采取的措施或许会让银行承担额外的风险。我们所讨论的改革，只是为了降低银行在交易过程中所承担的风险，但是在交易之外，改革的措施却增加了流动性风险，也就是说在需要结算时，银行可能缺乏足够的流动性。这时的银行虽然没有破产，但手头上却没有足够的现金。早期的支付系统为银行间的业务提供实质性的授信，以保证交易能够顺利地进行。但是要求实时结算的支付系统却对银行的资金管理形成了挑战，以至于造成许多交易的失败，这也就带来了众所周知的重置成本风险。

交易失败次数的增多将带来更多的系统性问题，银行必须依靠进项的资金和证券完成它们的出项业务。如果资金和证券没有及时到位，与其交易的银行便不会进行相应的支付。实时性的支付系统可能会打乱原有的支付模式，造成交易的僵局。其中的原因在于，政策制定者首先考虑的是减少授信带来的支付系统的弊端，并做全局的考量。

为了避免系统性风险的增加，政策制定者可以依靠银行来解决实时性支付系统带来的挑战。更一般的情况下，政策制定者可以将私有个体之间的日内授信，转由中央银行提供。在许多银行的支付系统中，尽管支付银行在其账户上没有使交易得以实时完成的资金，该交易仍然可以进行。央行的日内授信服务使得许多交易的能够完成。

在提供日内授信方面，央行比任何私有单位更为合适。进一步来说，央行承担了支付系统的风险，直接解决了由银行破产导致的连带效应问题。与此同时，央行的参与加重了本书通篇所强调的道德风险问题。由于日内授信计划，央行承担了本该由银行承担的潜在损失。银行因为成本降低，可能会采取冒险的行动，从这个意义上讲，央行改变了银行的选择策略集合。因此，由央行承担授信风险的做法可能不会根除、甚至恶化了“大而不倒”的问题。

央行的日内授信计划所带来的收益（例如降低了市场上支付系统的弊端）是否超过了它带来的成本（例如加重了道德风险），依赖于央行如何对授信进行管理。央行（从现在起，我们特指美联储）业已清楚地认识到道德风险的潜在威胁，为应对这种威胁，美联储已经采取了相应的举措保护自己，并且控制银行利用支付系统进行不负责任的交易。

这些举措包括，限制日内授信的额度，为日内授信收取费用，开发监测系统等，这些举措可以直接减少风险。此外，某些银行担心美联储的授信管理会导致短期流动性的不足。不过从另一个角度来看，这些担心也证明了央行对道德风险的控制已初具成效。

与此同时，美联储对于有价证券交易的日内授信却没有实施。但不管怎样，美联储将持续推动支付系统的改革。某些央行对支付申请要求提供全额抵押品才可提供国家保障，但是美联储却不这样要求。

就我们看来，尽管美联储采取的改革在总体上是正确的，但还有改进的空间，特别是美联储可以深入考察实物抵押品的政策价值。比如说，美联储在对授信进行收费时，可以照顾那些有实物抵押的银行。然而我们认为，比任何具体的建议更重要的是，美联储应该经常审查自己对于支付系统的政策。这里强调的审查，可以表达美联储对道德风险的态度，在参与各方的博弈均衡被打破时，美联储也可以采取应对策略。美联储所作的常规审查是对付潜在道德风险的有力手段，也时时提醒美联储不要忘记“大而不倒”问题。

TOO BIG TO FAIL

THE HAZARDS OF 12 BANK BAILOUTS

应对“大而不倒”的待选方案

我们认识到，前面章节里所建议的政策和改革方案并非是完备的。对政策制定者而言，要消除“大而不倒”的预期，还有一些其他的待选方案。这一章，我们将对这些方案做简要的论述，读者可以在附录中找到对它们的详细讨论。

第一项方案，针对于我们第 4 章讨论的议题，私人动机可能会致使政策制定者提供救助（详见附录 B）。第二项方案建立在对银行的监管之上。监管可以限制银行的冒险行为，减少银行破产导致的后续损失，进而减少救助的必要性（详见附录 C）。第三项方案则是加强银行所面对的市场的作用，或者说增强市场规律的作用（详见附录 D）。

在处理“大而不倒”问题上，政策制定者不应该优先考虑这些方案。我们已经就解决政策制定者的私人动机问题提出了一系列建议，并且我们感觉某些额外的改革措施有失偏颇，存在明显的弱点。我们不认为监管能够杜绝银行的冒险行为，也不认为监管能够避免对大型银行债权人的救助，但我们支持第 3

种选择，即加强市场的作用，我们认为达到该目标必须使债权人清楚认识到他们面临的风险，使他们对银行的冒险行为更加敏感。

惩罚政策制定者

增加政策制定者的成本的第一个方法是，改变他们的效用函数，使他们实施救助获得的收益不会超过付出的代价。我们关注两种增加政策制定者成本的方法。第一种方法是，选任官员（elected officials）可以对政策制定者或他们主导的机构，就不当的行为实行经济上的处罚。这种方法需要制定一个明确赏罚的合同法案。例如，如果政策制定者不及时关掉濒临破产的银行，将会失去工作。或者为了不鼓励对债权人的保护，可以规定对破产银行的救助资金，全部或部分由政策制定者所在的机构承担。

增加政策制定者成本的第二个方法是，增加事件的公开性和透明度。如果政策制定者知道他们对债权人的保护将遭到社会或相关部门的严格审查，他们实施救助计划的意愿将会降低。为政策制定者施加社会压力的方式有多种，选任官员可以要求对银行破产的救助过程实施严格的审计，或者要求政策制定者对他们的行为宣誓说明。1991 年的《联邦存款保险公司改进法案》便包含了一系列类似的条款。

我们认为这些改革措施并不值得格外关注，因为我们已经讨论过的解决私人动机的改革方案更具优越性。对于上面提到的合同法案，即使合同制定得足够详细，官员也可能不会坚持到底，对违规的政策制定者施加经济处罚。因为某些时候，政策制定者违背合同，实施救助计划，却得到了官员和公众的支持。由于类似的原因，公开性和透明度也不会从根本上改变政策制定者的行为。

监管

许多国家针对银行的冒险行为，已经采取了监管措施。例如在监管体系内，银行被要求必须持有相当数量的资本金，以达到安全和稳固的要求。如果监管限制了银行的冒险行为，债权人因银行破产而承受的损失就会减少。因此，监管可以作为控制连带效应和“大而不倒”救助的一项措施。

当然，对银行实施监管有充足的理由。监管可以最小化债权人因银行采取冒险行为而导致的损失。监管也可以降低市场对政府的救助行为的预期。另外，历史数据也证明监管能够有效控制那些债权人不能分辨的风险，使得银行有动力减少冒险行为。

虽然监管是控制银行冒险，解决“大而不倒”问题的必要措施，但监管不是唯一的，甚至不是最重要的手段。虽然监管措施行之有效，但它也有自身的局限性。例如监管部门受到现有法律的限制，同样可用于监管的资源也是有限的。法律约束是民主社会的特点，但是监管也会因此不能对银行的行为做出及时的反应。

另外，监管部门在银行的冒险行为面前变得越来越软弱无力，这背后的原因却源于许多评论家所认同的逻辑。例如，在市场经济环境下，监管部门不能为银行做所有的商务决策。对于银行决策所承担风险的度，监管部门也很难衡量。监管在应对银行危机以及“大而不倒”的问题上，被证明是不足的，政策制定者不得不接受这个现实。这里的分析只是说明监管作为政策工具的局限性，并非要证明监管毫无用处，我们建议监管只有配合其他的改革措施一起实施，才能更好地解决“大而不倒”问题。

增加市场约束

一个确信的无救助的政策导向，让债权人更清楚地认识到所处的风险，也因此增加了市场的作用。一些评论家和政策制定者认为，当前可以推出法令加强市场的作用，引导银行进行最优的风险决策，从而大大降低"大而不倒"问题出现的可能性。特别地，他们认为对银行决策的公开，可以使更多的债权人了解信息，凸显市场的作用。他们也正确地认识到，要银行披露信息，政府至少需要采取一些强制性的手段。

为了使债权人清楚自己所处的风险，一些评论家建议采用一种更加结构化的方式。具体来说，银行的负债结构中应该有次级票据和债券（Subordinated notes and debt，以下简称 SND）的设计，如果银行进入破产程序，SND 的持有者将最后获得补偿（除非政府特意保护他们）。因此，SND 持有者将有动力监督银行的行为。

以上两种建议都很有价值。但是我们只把它们看作我们前面讨论过的最优改革方案的补充。按照在前面章节里讨论过的方式，使债权人意识到所处的风险比行政命令更加行之有效，更能够使银行的关键决策公开化，使债权人能够更好地利用这些公开的信息。毕竟当债权人认为自己所承担的风险较小时，便不会有足够的动力运用由行政压力获得的公开信息。

债权人越是对他们的投资所处的风险有明晰的认识，就越有助于 SND 设计的推行。我们在 8—10 章讨论过的改革方案，相对于 SND 设计本身，更能有效地让债权人意识到所处的风险。当然，政策制定者不必在完成我们建议的改革之后，再实施信息披露和 SND 计划。SND 计划在短期内会取得积极成效，也就是说政策制定者可以优先考虑这些方案，最大程度的将银行推向市场。

如果结合对银行的监管，市场约束对解决“大而不倒”问题，也可以发挥作用（也就是间接市场约束［indirect market discipline］)。市场可以有效地传达银行的信息，监管部门可以据此做出及时的反应。我们认为配合其他改革举措的推行，这种市场信息具有最大的价值。但是经验告诉我们，监管部门需要一定的时间才能有效地利用市场数据进行决策。当前，政策制定者或许更加关注市场信息的时延特性。

另一个间接市场约束的选项是，调整存款保险费率。存款保险费率可以让银行清楚地认识到自己将为冒险行为付出的代价，因此有助于间接控制银行的冒险行为，在确信政府不会救助破产银行的政策背景下，这种方法的作用更加明显。同样的，在未来监管部门可以通过类似的方式来执行自己的职能。

在这里，我们特别强调第三种待选方案在未来将发挥的作用，政策制定者可以利用它，使债权人清楚地认识到自己所处的风险。旨在增强市场约束的改革，也将得益于使银行信息公开化的技术层面上的趋势，例如越来越多的银行贷款正在被证券化，金融市场的动向可以反映出银行所处的风险。当然，银行的信息应该更加透明，使得利益相关的债券人能够更好的了解银行的行为，并将这些信息作为债权人决策的依据。技术层面上的进步使我们相信，在未来，对银行的估值完全通过市场来进行是完全可行的。相应的，银行的市场估值又可以为债券人和监管部门提供更多的行为依据。

"大而不倒"问题的关键点

在这一章的初始部分，我们将概述本章的主要论点和目标读者：政策制定者，相关部门的员工，以及寻求政策影响力的专家们。

我们希望专家们能够将本书的观点转述给大人物，也希望那些有权势的大人物能够深刻理解这些观点。为了说服大人物们，我们建议采用简报、幻灯片或备忘录的形式，将本书的观点完整地呈现。

为了方便展示本书的观点，并且考虑到读者现在可能并不需要传统的概述，在本章中，我们将列出"大而不倒"问题的几个关键点。

三个基本论点

第一，"大而不倒"问题还未解决，甚至正在恶化，从整体上讲，将对资源造成巨大的浪费。

第二，尽管对大银行债权人救助的预期不能消除，但通过可信的政策导向可以影响或削弱这一预期。要确立这种可信的政策导向，政策制定者可以从实施救助的动机入手。

第三，尽管其他的改革有助于确立可信的政策导向，政策制定者应该首先考虑如何控制由银行破产造成的连带效应。

问题

第一，尽管大型的或举足轻重的银行的债权人不在政府的保护范围之内，但是他们相信在银行破产时，自己将获得补偿，至少是部分补偿。

第二，对政府保护的预期，扭曲了债权人的决策函数，因此他们提供给银行的资金量，以及资金的成本并不是最优的，这反过来导致银行采取冒险行为，浪费这些金融资源。“大而不倒”的预期导致的资源浪费是巨大的。在大多数情况下，我们认为，银行浪费的资源超过了救助计划带来的市场效益，在这个问题上，可能会见仁见智，我们相信，即便是那些持不同意见的学者，也会支持我们的大部分改革方案。

第三，随着超级银行的不断出现，少数银行所占的市场份额在不断扩大，可以说，它们提供了银行市场上最主要的服务内容。因此，对“大而不倒”的预期正在不断加强。此外，银行的业务变得越来越复杂，政策制定者很难预测银行破产带来的后果，也很难在银行将要破产时拒绝救助。

第四，过去 10 年改革的主要目标是，限制对濒临破产的大银行的保护。从长期看，包括美国推行的改革在内的这类改革措施，或许并不会非常有效（尽管这还需要时间的证明）。

承诺

第一，为了改变市场对政府救助的预期，政策制定者必须让债权人意识到在银行破产时，他们所要承受的损失。这种政策导向的改变必须基于一种可信的承诺。

第二，可信的承诺必须配合可以直接降低政策制定者实施救助计划动机的改革措施。

第三，单纯的禁止保护债权人的改革方案是不可信的，因为它没有消除救助的动机，因此操作起来很容易被回避。

第四，政策制定者对确立货币政策有充分的历练。过去 20 年已经证明合适的货币政策可以降低市场长久以来对“大而不倒”的预期，尤其是对大型银行的债权人。

具体的动机和方案

第一，对政策制定者而言，实施救助计划最重要的动机是，避免一家银行的破产威胁到其他银行，整个金融部门，甚至是整个经济。为了限制这种动机，我们建议发达国家的政策制定者采取三项措施：颁布法令，申明他们对金融风险的立场；推行限制债权人损失的政策，或者增强市场的作用；考察或跟进控制连带效应的支付系统改革。

第二，消除政策不确定性的改革措施包括：增加对银行破产的预案计划；特别关注在市场中起主导作用的银行，减少它们破产的可能性和带来的损失；针对银行破产时对债权人的处理方式，颁布明确的法律条规；及时对债权人提供流动性服务。

第三，为减少对债权人过度损失的忧虑而采取的改革措施包括：在银行带来实际的损失之前，就对其进行控制；提高市场中弱势银行的法定保证金，以减少损失的可能性；要求债权人通过联合保险之类的措施，最大程度的减少因银行破产带来的损失；

第四，尽管在操作层面上，支付系统的改革相当复杂，但它实际上却是非常直观的。一种改革方案是要限制银行间通过支付系统进行交易的资金金额；另一种则是要建立某种机制，补偿因银行破产带来的损失（例如设置抵押品）。

TOO BIG TO FAIL

THE HAZARDS OF BANK BAILOUTS

附录A

《联邦存款保险公司改进法案》

1991 年的《联邦存款保险公司改进法案》(以下简称《改进法案》)在很大程度上解决了“大而不倒”问题，在一些“大而不倒”问题只是有意无意被提到的文章里也提及了这一事实。看一下最近美联储的一篇关于小银行绩效的文章：

> 如果储户相信政府将以“太大而不能倒闭”来对待最大的那些银行的话，那么它们的竞争力也将得到改善……但是，1991 年的《改进法案》，实质上限制了监管者使用“大而不倒”的能力，它要求联邦存款保险公司寻求的解决方案是使保险基金成本最小化的。另外，只有联邦储蓄委员会和联邦存款保险公司的董事会至少 2/3 的董事批准，并得到财政部长（与总统讨论之后）的批准后，才能实施“最小成本法”的例外条款。

《改进法案》实施了各类改革，许多改革增强了监督管理和其他方面的银行政策。即便如此，我们也并不认为《改进法案》会显著减少大银行面临倒闭时，因为它们太大而不能倒闭而被给予帮助的机会。我们的结论是通过比较在实施《改进法案》之前和之后的管理“大而不倒”救助的法律机制和实施救助的决策制定过程后得到的。一般法律机制和决策制定过程的很多方面都没有发生变化，已经发生的变化看似也不太可能限制一些“大而不倒”保护措施得到批准。

我们还怀疑《改进法案》对美联储通过贴现窗口进行贷款所做的限制是否有效。这些改革意在降低美联储通过这种信贷扩张的手段来支援银行的能力。这些贷款被视为让银行给自己挖一个更深的洞，这可能更容易导致出现“大而不倒”救助。但是由于这些改革是直接与大而不倒相联系的,这些变化看似并没有减少我们不希望的结果出现的可能性（我们在整本书中讨论了《改进法案》实施的其他变化，比如说银行的早期披露)。

最小成本测试和“大而不倒”豁免

许多分析家称《改进法案》的最低成本测试改革，加上给未保险的储户提供政府支持的特定程序意味着“大而不倒”救助将很少发生。事实上，我们将通过经验检验来判断《改进法案》的有效性。我们在第 3 章中提到，对《改进法案》对解决“大而不倒”问题的效果进行事件研究所得到的结果是混合的。

有证据表明，我们在第 3 和 5 章中提到过,《改进法案》让未保险的债权人相信，如果银行倒闭，他们将得不到 100% 的保护。同时最相关的经验检验发现，在《改进法案》实施之后，银行仍然将它们倒闭的风险转移给了政府。它表明即使在《改进法案》实施之后，政府担当银行贷款人的保证人仍然鼓励着银行采取冒险行动。更基本的是,《改进法案》的改革还没有经受过一家大银行破产的检验。

缺少《改进法案》实施后大银行破产的经历，我们经验证据不足又相互冲突，这要求我们采用更多的演绎法来评价《改进法案》。

《改进法案》至少纠正了之前的体制争论的许多问题，实质性地改善了政策制定者和银行面对的管理和法律动机。因此，我们对《改进法案》体制实施前后进行了对比，以判断《改进法案》创造的“大而不倒”体制是否适当。监管者并不会相互咨询，或咨询管理当局，而且这些决策并没有受到公众的严密监督。我们相信这些条件并没有保持和扩大《改进法案》体制实施前后二者的区别。我们现在将更加具体地描述《改进法案》体制实施前后的情况。

《改进法案》前的成本测试和例外条款

历史上，联邦存款保险公司一般通过购买和债务承担法来解救那些面临倒闭的银行。《改进法案》实施前采用的就是这种方法，当时破产银行被其他机构收购过去，收购银行承担了破产银行所有储户（保险和未保险）的债务。收购银行通常还会购买破产银行的一些资产，对购买和债务承担的依赖导致存款保险人要偿付所有存款人的损失。从 1985 到 1991 年间，联邦存款保险公司偿付了全部未保险存款超过 99% 的部分，这段时间大约有 1 200 家商业银行破产。

在修正《改进法案》之前的购置法框架下，联邦存款保险公司一般定期偿付非储蓄债务持有人，他们被认为是“一般债权人”，包括联邦基金的卖方、银行承兑汇票等相似债务人。相反，股权持有人和次级债持有人并没有在通常的购买和债务承担交易中得到偿付。但是当联邦存款保险公司采用一种叫做“公开银行支援”的解决方法时，银行发行次级债的持有者可能收到偿付，这种方法就是联邦存款保险公司为仍然处于经营状态的银行提供金融支援，现在已经不再使用了。在银行危机时期（大约是从 1985 年到 1992 年）联邦存款保险公司使用公开银行支援来管理那些面临倒闭的银行，持有了那些倒闭或收到救助的银行大约 10% 的资产。因此，尽管不能轻易获得联邦存款保险公司为未保险贷款人提供的偿付水平的精确数字，但是看起来许多未保险贷款人都有适当的机会获得政府帮助。

有人可能会想，联邦保险公司怎么能认为如此公然地侵犯被保险和未被保险的贷款人之间的区别的体制是合理的呢。广泛偿付的原因，是成本。联邦存款保险公司称购置法框架对政府来说，比对被保险储户进行支付要便宜。在对被保险储户进行支付情况下，联邦存款保险公司将支付被保险储户的损失并将剩下的机构进行出售或清算。相反，购置法框架下的购买者只需要支付保费就能获得机构的全部储蓄基和其他物品。购置法框架能够让联邦存款保险公司获得机构的特许经营权价值，而银行被清算的话这种价值就会丧失。

具有讽刺意味的是，这种保护未保险贷款人的成本辩护理由，根源于企图限制对倒闭银行贷款人进行过度的政府保护。在1951年国会意见听证会上，参议员富布赖特（Fulbright）对联邦存款保险公司对所有储户进行100%偿付（联邦存款保险公司在1950年的年度报告中吹捧了这一纪录）提出了质疑。富布赖特称如此广泛的偿付超出了国会的意图，而这是由缺少成本计算引起的。作为回应，联邦存款保险公司董事长同意只有在其他选择不是更加便宜的时候，联邦存款保险公司才选择进行存款支付，并因此创造出了一个成本测试来决定选择哪种解决方案。

成本测试的一种例外情况是与和系统风险有关许多事件相联系的。尽管在银行危机期间（约1985—1992年）倒闭的大多数银行都非常小，但是这些资产超过10亿美元的银行持有了在这一时期倒闭的银行的大约50%的资产。最大的几家倒闭银行，即达拉斯的MCorp银行，第一共和银行（First Republic Bank），新英格兰银行（Bank of New England）和第一国民信托银行（First National Bank and Trust），持有倒闭大银行大部分的资产（见表A—1测量倒闭银行的规模）。

联邦存款保险公司相信这些机构的倒闭产生了溢出效应，这导致它调用了实质性条款，避免了这一支付与对被保险存款的支付进行比较。实质性条款和成本测试类似，源于20世纪50年代。在1950年，联邦存款保险公司被要求有能够为银行提供资金支持以防止它们倒闭的能力（尤其最后贷款人功能）。国会在1950年的《联邦存款保险法案》中授予了其这项权利，但是限制条件是只有当“董事会认为银行的继续经营对为社会提供适当的银行服务来说是必要的”情况发生时才能进行援助，这就是必要性的一种认定。

表 A—1　倒闭和需要救助的银行资产规模与对未保险储户的处治方法（1986—2000）

年份	保护未保险储户的银行			未保护未保险储户的银行		
	平均资产（百万美元）	倒闭银行数	倒闭银行率	平均资产（百万美元）	倒闭银行数	倒闭银行率
1986	60	105	72	33	40	28
1987	45	152	75	48	51	25
1988	218	244	87	37	36	13
1989	167	175	85	75	32	16
1990	89	149	88	124	20	12
1991	659	106	83	75	21	17
1992	454	55	45	306	67	55
前七年中位数	**167**	**149**	**83**	**75**	**36**	**17**
1993	35	6	15	95	35	85
1994	125	5	38	98	8	62
1995	0	0	0	124	6	100
1996	36	2	40	37	3	60
1997	26	1	100	0	0	0
1998	39	1	33	197	2	67
1999	47	3	43	310	4	57
2000	10	1	17	75	5	71

必要性条款在 20 世纪 70 年代被应用了 4 次，都是针对小银行的，因为它们不能马上找到买家，而且它们都是情况非常特殊的银行，比如说那些被少数股东拥有的并为城市社区服务的银行。但是在 1980 年，联邦存款保险公司首次发现第一宾夕法尼亚银行（First Pennsylvania Bank）资产高达 80 亿美元，证明规模是必要性的一种认定标准。

1982 年的《加恩 - 圣杰曼法案》（*Garn-St.Germain Act*）将成本测试和例外情况（尽管也增加了联邦存款保险公司支援面临破产的银行的能力）都进行了规范化。该法案写道：“提供的支援……数量不应该超过……为了减少清算成本。”如果援助被认定为是有必要的，那么允许联邦存款保险公司采用不经过成本测试的解决措施。必要性的认定条件是由联邦存款保险公司制定的。《加恩 - 圣杰曼法案》中关于成本测试的另一个例外情况是对系统风险的担忧。如果“严峻的金融状况会威胁到相当数量的被保险银行，或威胁到拥有非常多的金融资源的被保险银行的稳定性时”，只要做出了必要性认定，法律允许联邦存款保险公司为倒闭银行提供直接支援。

《改进法案》和新的成本测试以及必要性的要义

这一改革采取了两种方法。首先，它改变了成本测试。联邦存款保险公司不需确保解决倒闭的方法成本是最低的，不仅仅是要低于支付被保险存款的成本。这种变化要求联邦存款保险公司考虑从只针对被保险存款到向购买人转移的成本，如果一种选择避免了特许经营权价值的损失，那么通常是最便宜的。

其次，《改进法案》重申必要性的要义发生了变化，包含如下几个方面。《改进法案》要求：（1）财政部长必须确定最小成本解决方案将对“经济状况和金融的稳定性有严重的不利影响”而且额外安排的保险偿还将“避免或转移这种不利影响”；（2）财政部长必须和总统进行商讨；（3）联邦储备系统管理委员会的 2/3 的成员必须给出书面建议；（4）联邦存款保险公司董事会的 2/3 的成员必须给出书面建议；（5）将偿付的特定偿付额度是根据银行有形资产总额确定的。

《改进法案》实施前后，政策制定者保护多种银行的未保险债务人的能力的主要差别是美联储和财政部的公众参与。成本测试的建立并在例外环境下考虑它的例外情况都不是什么新鲜事。而且，在要求对成本测试的例外情况时考虑到系统风险也不是《改进法案》的原创。关键问题是数量是否显著不同。事实上，我们并不相信美联储和财政部的角色变得更正式，更容易发现将会导致政策制定者面对救助决定时的动机发生显著改变。

机构参与和公开

在《改进法案》实施之前，美联储和财政部似乎都私下参与了何时以及如何救助大银行贷款人的决策。看一下对救助伊利诺斯大陆银行的描述：

> 我们争议了很长时间如何处理大陆银行的情况。……参与争论的有联邦存款保险公司的董事，美联储委员会主席和财政部长。我们一致判断，如果大陆银行倒闭而且储户和债务人没有被作为一个整体看待的话，我们就很可能遭遇一场全国性的金融危机，它影响的程度很难想象。没有人希望看到这种情况。

审计官C·托德·康诺弗（C.Todd Conover）随后被问道，“对于伊利诺斯大陆银行和它的持股公司的决策，政府应该对它们做什么和不做什么。这些决策都是你，沃尔克（Volcker）先生（联邦储备系统管理委员会主席），里甘（Regan）先生（财政部长）和艾萨克（Isaac）先生（联邦存款保险公司主席）做出来的吗？”审计官回答道：“是的，没错。”

根据联邦存款保险公司的信息，财政部和美联储进行深入参与的不仅仅是伊利诺斯大陆银行一家。在关于用类似《联邦存款保险公司改进法案》的改革来限制“大而不倒”的听证会上，联邦存款保险公司主席称，“财政部提出的方案将不会有什么影响。我们给你们4个我们真正援引了实质性要义的案例。在每一个案例中都是美联储鼓励我们援引它的，而且至少财政部不愿意说他们将建议我们不去援引它。我们关心的是事实而非进展。”威廉·塞德曼（William Seidman）主席随后说了相同的话，而且语气甚至更重，声称是他给了财政部权利去反对救助新英格兰银行的。他的描述没有得到和他一起听证的财政部和美联储官员的反对。

尽管《改进法案》程序更加公开，似乎相信美联储主席，联邦存款保险公司主席或财政部长认为他们参与伊利诺斯大陆银行事件或其他大型倒闭事件是一个难站得住脚的秘密。早在大萧条以前，国会对监管者在银行倒闭中发挥的作用进行听证并密切关注已经形成了长期的传统，伊利诺斯大陆银行事件只不过对此加以证明而已。这一传统还在延续，在“9·11”恐怖袭击之后参议院银行委员会的第一轮常事务听证会上就调查了美国储蓄公司破产事件。

其他人称大银行解决方案审核程序的正式化是一个重大的变化。比如说，著名学者，前美联储官员称，“《改进法案》中一个非常重要而又经常被忽略部分是《改进法案》要求对任何银行破产给联邦存款保险公司造成的成本进行强制性审查……《改进法案》的这些条款是非常重要的，因为它们能够激励管理者避免成本过高的银行倒闭。”

总会计师事务所负责进行审查（联邦存款保险公司的总检查官也参与审查），但是这些审核也算不上新鲜事。总会计师事务所被众议院银行委员会指派去调查伊利诺斯大陆银行的倒闭案，并准备了一份对伊利诺斯大陆银行进行救助的评估报告。而且，伊利诺斯大陆银行也不是这一实践的始源，国会让职员调查银行倒闭事件已经有很长的历史了。举一个例子，1976 年政府运作委员会对联邦银行管理的有效性进行了监督听证，焦点是富兰克林国民银行（Franklin National Bank）的倒闭事件。1989 年，总会计师事务所在提供关于节俭的监督者的行为的信息方面起到了中心作用。

《改进法案》将会对政策制定者争论救市问题时采取的行动产生一些影响。但是，从原来的体制演变成现在这样也只是使动机发生了小幅变化，这使得我们相信他们行动的变动也会很小。在我们看来，这一结果并不令人吃惊，尽管言辞上正好相反，但是《改进法案》并没有对处理最大和最复杂的银行的相关债务人的措施上发生多大改变。

《改进法案》立法史上关于国会“强烈希望‘大而不倒’的政策因此废止”的声明必须在一种背景下才能被理解，“大而不倒”有多重含义，包括为除了最小的银行外的所有未保险债务人提供定期偿付的政策。比如说，现在的财政部副部长称“‘大而不倒’是联邦存款保险公司当前政策的一部分，意在扩展除了对未保险储户的 100 000 美元限制之外的存款保险保护……只有在极少见的几次情形中，没有提供这种保护会导致金融体制出现严重的危险。但是在大多数情况下，通过定期使用所谓的‘购买和债务承担’交易，那些并不包含市场风险的救助措施也提供了对未保险储户的保护。”

我们并不想暗示《改进法案》还不成熟。比如说，成本测试的变化已经给针对更小的机构的救助措施带来了显著了变化。事实上，《改进法案》在试图发生法的变化的领域，似乎确实已经成功了。比如说，针对不会造成系统风险的更小的机构的未保险债务的处理已经发生了很大的变化。如表 A—1 所示，联邦储蓄公司对未保险储户的保护在《改进法案》生效以来，已经下降了很多。

最后贷款人

从中央银行的借款，能够将大银行和它们的债务人解救出来。一些政策制定者相信美联储的贴现窗口贷款在美国 20 世纪 80 年代末和 90 年代初的银行危机中发挥了重要作用：这些贷款将为那些本可能遭受损失的债务人提供有效的保护；而且，通过让那些本来应该已经关门大吉的银行持续经营，贴现窗口可能增加了债务人最终将遭受的损失。为防止这种损失外溢，政府更可能提供救助。这样，限制美联储贴现窗口贷款可以减少发生“大而不倒”的可能性。

《改进法案》对应了两种针对美联储借款的限制，我们不认为它们会对这种行为有多大改变。在我们看来，它们将会失败，因为（1）它们不能很好地识别出差的银行，因为它们基于欠佳的测量风险的方法，特别是账面资本；（2）它们对美联储给差的机构提供贷款的惩罚非常小；而且（3）增加美联储贷款的公开性的效果是不确定的。

我们已经说过检验《改进法案》的有效性的最主要的方法是对《改

进法案》实施前后进行对比。在《改进法案》实施之前，一位联邦储备银行主席曾在它的辖区内进行过这样一个思维试验，主题是最大的倒闭事件中的一个。他声称由于贴现窗口的贷款，联邦储备保险公司的损失更高了。他同时得出结论，《改进法案》并没有对该案件的结果带来任何改变，主要是因为这一时期美联储仍能够提供贴现窗口贷款而不会受到惩罚，未保险和未担保的债务人都逃避了损失。

TOO BIG TO FAIL

附录B
对政策制定者的惩罚

THE HAZARDS OF BANK BAILOUTS

因为第 4 章中描述的个人动机解释了“大而不倒”偿付产生的原因，那么要修正这种行为就要遵从这一逻辑。简而言之，我们要考虑通过一些特定的步骤来增加政策制定者救助未保险贷款人的成本，进而防止救助的发生。通过一些方法可以增加政策制定者的成本，包括直接对监管者实施惩罚，比如解雇，减少政府或监督机构的预算，负面新闻，和形成反救助联盟的政策改革（我们在本书中讨论的一些改革，比如说更精确的预算和任命更保守的政策制定者，也能解决个人动机问题）。

我们对这些建议的动机表示支持，但是由于一些例外情况，我们还不能把它们作为近期更好地管理“大而不倒”偿付的例外情况的议事日程的一部分。

它们没有解决救助“大而不倒”的银行的债务人的主要动机，而且很难将它们成功地付诸实施。

增加监管者的直接成本

要解决关于动机和潜在的延期偿付的担心，银行监管者和被选举的官员们应该关闭这些银行。想要使得“非延期偿付承诺”可信，政策制定者应该增加监管者采取不希望的行为的直接成本。

用这样一种方法，政府能够定义不可接受的行为并对其施以惩罚。监管者和它们的机构应该被处以罚金，限制它们的行为，如果它们从事非法行为还要对其进行监禁。这种改革听起来很极端。但是，在私人部门这是普遍现象。比如说如果董事和银行官员发布了关于他们机构的误导性的信息，他们将受到惩罚。

增加政策制定者的成本的另一种方法的根源于货币政策。一些国家通过所谓央行合约来承诺低通货膨胀，这些合约将中央银行的绩效估计与通货膨胀目标联系在了一起。超过了目标表明绩效不佳，将可能受到惩罚，比如，减少薪酬或解雇。分析家将这几条所描述的新西兰的这种安排用术语表示为非常类似的“最优中央银行合约”。这种让政策制定者为自己的行为负责（特别是通过解雇）的方法，成为这种合约的重要方面。

通过在与政策制定者签订的合约中写明对这种行为的惩罚，社会就能够解决延期偿付及类似的问题。特别是，合约能够鼓励（1）发布关于银行系统健康状况和偿付未保险债权人的可能性的准确信息；（2）快速公开无力偿还债务的机构，以减少偿付未保险债权人的可能性。如果不能快速披露无力偿还债务的机构，或对未保险贷款人进行偿付，政策制定者可能会失去薪水或工作。这种改革的另一个版本是，公职人员应该签订雇佣合同，使他们个人对救助中一些小但是却不寻常的部分负责。

这些合约要有助于确保它们的有效性的特征，而我们对一些看起来非常重要的特征进行了总结。第一，很大一部分绩效（义务评价）薪酬应该在监管者完成了他的任期后才支付，推迟行动减少了将损失转移到未来的动机。

第二，合约应该建立鼓励外部人员对银行体制和政府救助的可能性进行定期评价的激励机制。政府应该将监管者的未来报酬与准备用于评论该职位的会计报表联系起来。比如说，如果能事先知道救助的可能性，那么在他任期内当实际情况揭示出来时，他将注定失败。

第三，监管绩效的测量应该包括监管过程之外的各方的一些评价。比如说，市场参与者或银行债权人可能会对银行健康状况和发生救助的可能性进行评价，这些是监管者不能操控的。因此，这些分析，能够对监管行为进行有效的检查。

第四，合约的术语中应该详细定义并加入社会的偏好。合约的目的是让政策制定者的目标与社会的目标保持一致，如果合约没有把握正确的偏好，那么根据定义，它就不可能给监管者提供适当的激励。

增加监管机构的成本

一种替代的改革将监管机构，而不是直接针对政策制定者的绩效与惩罚和奖励联系在一起。比如说，预算机构如果让预算资源遭受了损失，那么它将受到惩罚，一旦它采取了不希望的行为，通过特定程序，或通过其他制裁就能削弱它的地位和权威。考虑到这些机构的领导者一般都非常关注声誉并关心他们的责任的大小，势力范围等事情，这些步骤就能证明是有效的。检查者也许不愿意对单个人进行惩罚，但是对非个人的机构可能没有相同的担忧。

这种方法不仅在某种意义映射了私人部门的行为，还反映了联邦住房贷款银行委员会的命运。20世纪80年代，银行委员会对监督存款和贷款行业的监督是非常失败的，它在接下来崩溃的情况中惨遭废除。尽管对机构进行惩罚的这种形式被应用于银行委员会监管失败的案例中，而不是对“大而不倒”的纵容的案例中，我们怀疑这一结果也传递给其他机构一种信息：如果他们监管失败将付出代价。

另一种增加鼓励“大而不倒”的政策的成本的方法是强制发行一种

联邦债券，一旦对某一个大而复杂的银行机构进行了救助，就要支付给债务持有者一次性赔偿，如果工具的存续期内避免了救助，就不需要进行任何支付。债务支付资金必须来自存款保险人的预算，这就增加了机构的财务压力。

这种债务结构并不是一种完全的创新，保险公司已经发行过所谓的灾难债券，如果发生了灾难就进行支付，如果没有就不支付。而且许多美国金融机构发行了所谓的商誉凭证，如果这些机构赢得了一些来自联邦政府的法律判决，那么它们将向投资者支付一部分公司收到的款项。

除了进行财务惩罚之外，这些工具的市场定价将提供发生救助的可能性的信息。名义收益率高，债务价格低，表明发生救助的可能性低。通过让私人部门发行人承担向银行债务人支付的相同风险，也可以达到相同的目的。私人保险的定价也能在政策制定者表现不佳时增加其成本，并给部外人员提供风险预警信号。

通过公开和披露来增加政策制定者的成本

另一种增加政策制定者采取不良行为成本的方法依靠的是更好的披露和公开。披露将为利益相关方和公众提供信息，以便增强政策制定者的责任性。在使用披露来揭露低于标准的绩效方面，媒体发挥着重要的作用。如果政策制定者意识到他们的行为会立刻受到检验，他们将无法推卸责任，那么他们采取会导致这种后果的行动的可能性也就降低了。

加强披露可以采取多种形式。其中许多种改革形式都是很有名的，因为它们被加入到了 1991 年的《联邦存款保险公司改进法案》中：

① **要求向公众公开对救助的调查结果以及银行的披露**。调查应该讲明救助的公共成本，救助的必要性，以及救助的好处。

② **要求政策制定者讲明他们将提供救助的条件是什么。**要求政策制定者，包括那些被选择出来的就职人员，必须公开对救助的批准，要解释他们采取的行动一般理由以及对道德风险的重视程度，并与他们采取行动前的事先声明做比较。

③ **要求分析师对保护大银行的未保险债务人的预计成本进行估计和报告。**这些估计要经过审计和独立的审核，对银行系统以及监管者关闭银行的效率也要进行相同的分析。

④ **要求分析师公开比较外部的信息。**比如以市场为基础，公开对银行状况和政府存款保险人对监管的评估。

鼓励第三方给政策制定者施加压力

我们到现在为止已经讨论的这些方案是直接针对政策制定者的，另一种方案把救助的成本加在一小群拥有影响立法者的资源或能力的个人和公司头上。现在救助加在个人纳税者上的成本是很小的，但是给被保护的公司和债务人带来的收益却非常大。这种成本和收益的分配让纳税人几乎没有理由反对救助，也为受保护的公司和债务人提供了足够的理由来确保救助的发生。

把救助的成本集中于一个小群体身上将激励他们的成员去识别发生救助的机会，并采取行动减少救助的发生。这种逻辑有助于解释《联邦存款保险公司改善法案》的改革，它有效地要求大银行不成比例地支付美国的未保险债务的救助偿付金。一个改变“大而不倒”保护的成本和收益的相似计划将允许纳税人起诉政策制定者或他们的机构，理由是他们违背了他们的职责。通过诉讼，纳税人阻止“大而不倒”的收益会明显增加。

保留意见

我们对依靠增长政策制定者的成本来阻止“大而不倒”救助的方法持有很多保留意见。这些保留意见包括缺少可靠性，仲裁和经济活动的结果可能是相反的，以及不能抓住与大而不倒联系在一起的关键动机。在一些情况下，这些保留意见是普遍适用的，它们反映了一些担心，这些担心已经成为了教科书中的素材。因为我们相信本书中讨论的其他改革要么优势更多，要么缺点更少，我们一般不会将本附录中讨论的改革作为首要的选择。

缺乏可信度

这些改革的基础，是承诺未来根据当前所确定的行动，将成本强加给政策制定者。为了解决一时的一致性问题，这些改革又导致了另一个问题。当那个时刻到来时，违反承诺的政策制定者真的会得到惩罚吗？如果政策制定者对未来会承担成本心存怀疑，他就没有那么多的动机去改变自身的行为。

与中央银行签订合同的经验显示，要他们严格执行合同可能非常具有挑战性。新西兰被认为是中央银行执行合同最出色的地方。在该国，政府在一次选举之后，更改了他们用来评判中央银行管理人员的目标。尽管这从技术上来说并未违反合同，但在通货膨胀率超过中央银行行长合同中所规定的数字后，新西兰政府两次放弃对行长进行惩罚。此类放纵并不一定符合最优契约思想的精神。

就中央银行合同所进行的讨论提出了这个问题，但实际情况相比更为普遍。在接受本章中所讨论的改革之后，对于必须执行合同的政策制定者而言，所假设的不良行为可能并没有让他们感觉有那么糟糕。当选官员可能会认同一点，即他们并不愿意让某个多年后被证实所犯错误相对较少的机构倒闭，以此为代价来立即对巨型金融机构进行援助。因此，在进行惩罚的时候，这种惩罚可能显得并不公正。

举一个具体的例子。假设制订一项政策，让大型银行必须承担这些成本，从而激励他们反对援助。援助通常是在困难时期出现的，这时政策制定者希望提升银行系统的力量，而不是对他们增税。打算强制银行承担损失的政策制定者，不会在最初就对银行进行援助。事实上，如果政策制定者认为可以对银行征收援助税，我们更可能会认为所征收的税率对大型银行来说不痛不痒，不可能促使他们反对援助。

合同的局限性

几乎所有在本附录中所探讨的改革都基于签订合同，将政策制定者的表现与奖惩挂钩。如果在合同中，对所期望达到的结果的细微之处都进行了充分的描述，那么就可以用较低的成本，来对合同的遵守情况进行验证，合同条款也无需常常进行更新，而且绩效达不到就要接受惩罚这点也就变得可信。除了怀疑可信度之外，我们也认为有效执行合同的其他前提不能适用于众多这些改革。

众多例子可以说明这个问题。事实也可以证明，要在合同中体现政府银行政策那些微妙的目标相当具有难度。根据每家机构情况的特殊性，公民们也许希望监管者给一些银行一个公正的机会或第二次机会，让他们恢复健康，同时他们又认为其他银行需要马上得到惩罚。

更为普遍的是，要确保合同中所规定的目标得到遵循，就必须考虑到紧急情况和应对方式，以及监管者可能采用哪些行动来规避合同规定，我们质疑是否可以制订出如此全面的合同。例如，在合同中是否会排除一个政府对另一个政府进行援助的能力？此类援助可以让那些给该国提供了大量贷款的国内银行受益，导致合同的意图被扭曲。

披露的有效性

针对银行体系的状况和银行监管者的绩效，提供更多的信息，这是件好事，当这些信息由与监管者无直接关联的其他方来提供时，尤为如此。一般情况下，我们支持那些可以提供此类信息的改革，前提条件是这些信息的提供不会造成过高的成本。但有一个问题需要得到思考，此类披露在减少对未保险者的保护上能有多大的效力？在一些情况下，例如对公共资源编制预算时，我们认为附加信息会尤为有效。

不过，预算编制改革的有效性并不是来自于新数据本身，而是其制度背景。在预算编制环境中，如果政策制定者希望能够分配更多资源给银行债权人，那么对新信息的要求将迫使他们放弃其他优先考虑的事情。信息披露通过错失机会，体现了政策制定者真正要承担的成本。同样，我们推荐在保费制订和监管行动上，加大对银行和政府保险商进行外部评估。在这种情况下，新信息将与强加成本的具体行动明确地挂上勾。

希望通过公众或政治来施压，促进信息披露，这种举措是否能够带来同样有效的影响，这点并不那么明显。警告纳税人要因为银行体系的缺点而让他们披露信息，这可能会让公众极为担忧，并且促使决策者改变方式。同样，如果政策制定者参与对债权人的援助时，马上要进行披露，他们也许会不愿为援助债权人提供支持。媒体对成本过高、缺乏效力且倒退性质的政府项目（例如农业补贴、贸易关税、成本高昂的监管）进行了大量的报导，但似乎效果有限。也许关于银行政策执行不力的新闻会引起公众的关注，但大量反面例子显示，在被披露后，糟糕的政策依然会继续存在。

为什么披露和公布于众未能有效地改善政策呢？

① **效率损失体现了“大而不倒”政策所强加的巨大的成本**。对多数纳税人而言，此类损失只是暂时的，而且难以通过令人信服的方式向普通公民来进行解释。

② “大而不倒”援助的财务成本总体来说非常庞大，但算到每位纳税人头上并不算多，因此理性的纳税人可能不会对此类保护发起攻击。

③ 对银行体系健康程度的计算，以及对大型金融机构进行援助的可能性，这些都是含混不清的。因此，即使某些数据得到了官方认可，相关方也可能会发现著名分析家做出了另外一种估算。鉴于此类计算的确存在不确定性，公众和媒体要想在讨论中理清数据，就会面临巨大的挑战。

④ 一些人认为，公众和媒体将会为那些将成本强加给银行债权人、允许银行破产，甚至是关闭拥有盈利的银行的政策而鼓掌称好。当然，这种思想在一些情况下是正确的。但我们轻易就可以想到，媒体会对冤枉债权人丢失救生机会，过于激进的政府关闭健康的银行，以及政策让金融稳定性面对风险等方面进行报导。政策制定者即使像争取自身的利益一样，竭尽所能去为社会争取最大的利益，也可能会看到一些此类负面的新闻报导。这将有助于解释，为什么那些对容忍和援助行为的负面报导，并没有能够有效地改变众多国家进行“大而不倒”保护的可能性。

改革的整体评价

我们已经就改革提出了大量的保留意见，这些改革措施旨在通过让立法者承担高昂的援助成本，来减少援助的可能性。但要批评这些提议并非难事，改革不需要制订完美的标准，但必须提供一个合理的机会，能比当前的政策争取到更好的成本收益结果。政策制定者制订银行政策的绩效和他们得到的奖惩之间常常关系紧张，这也显示出其中存在改进的空间。

就算新西兰中央银行的合同存在不足之处，这项政策已经协助该国控制了通货膨胀。有关制订合同的一些担忧，也同样适用于通过“胡萝卜加大棒”来激励其领导人的私营企业。尽管这种方式不是次次都有效，但将绩效和奖惩挂钩、增加对外部人士所提供的信息量，以及让领导人对结果负责等举措已经让股东们获益。事实上，即使巨型金融机构并没有存在严重的问题，明确地让监管者对预期产出负责也是一种明智的做法。

但我们不能让政策制定者同时进行所有可能的改革，我们必须按照问题的轻重缓急提出建议，在我们考虑了大量改革的时候尤为如此。因为它们在现实世界中都存在种种局限性，而且本附录中探讨的多数改革，在变为立法方面会面临极大的难题，所以我们仍然将它们视为次要的事情。也许在短期内并不支持这些改革的重要原因在于，正如第 4 章中所讨论的那样，我们认为其他力量在导致“大而不倒”保护方面有着更大的影响力。

TOO BIG TO FAIL

附录C
监督和管理

THE HAZARDS OF BANK BAILOUTS

实际上，所有国家都实施了一种限制银行采取冒险行为的体制：政府雇员对银行进行监督和管理（S&R）。进行监督和管理首要的一个理由是部分抵消政府担保的过度风险。在许多国家，监督和管理是防止银行倒闭成本过高和产生溢出效应，进而限制救助未保险债务人的动机在实际上采用的政策。

但是首要的问题是，将监督和管理作为处理"大而不倒"问题的首要或唯一工具是否足够强有力。虽然监督和管理师有助于解决"大而不倒"问题的一种工具，但是我们并不认为能把它看成是完全有效的。我们之所以得出这样的结论，是基于监督和管理的一些实践上的局限性和它过去有瑕疵的表现。

为什么要进行监督

我们已经简要描述了我们对监督和管理的看法。银行监管包括发布管理银行运营的规则，这些规则在具体性和正式性上差别很大（范围从审查员手册到写入法律之中）。典型的监管要管理银行的最低资本水平，对银行可能持有的资产类别和数量以及它们能参与的活动，银行的设立和发展过程中的所有权做出限制。其他类型的监督解决的是竞争和反托拉斯，消费者保护和社区服务的问题，但是因为这些与安全性和稳定性无关，我们不考虑它们。

监督包括审查银行的行为以确保它们与管理是一致的。它还包括更一般意义上的，对银行风险的评估。这种评估对所有银行都要求提供法定财报以及其他来源的数据进行分析。这种非现场数据分析是对现场监督审查贷款质量，风险管理和其他因素的一种补充。监管者根据这些分析来采取步骤，确保银行能够稳健地运营。这些一般的监督和管理实践，很多都已经写入了银行监管者的实践指南。

这些类型的监督和管理活动，能够在管理银行采取冒险行动方面起到积极的作用。因此我们把它们作为防止“大而不倒”问题的重要工具。在讨论监督和管理的局限性之前，我们先要对这一观点进行更详细的解释。

经济理论

正如在第 4 章中指出的那样，银行的定义性特征是它的资产不透明以及很难对它采取的冒险行为进行分析。因为储户对一家银行的冒险行为进行评价的成本是非常高的，他们可能不能给银行债务正确定价。考虑到银行的真实风险，储户为出借资金使用权所收取的报酬太少。

银行可能因为另外的原因而承担过多风险。我们已经提过，一家银行的倒闭可能会影响其他银行的偿债能力，但是银行没有理由将这一潜在成本加在它们自身行动上。外溢的成本主要由社会，而不是倒闭的银行承担。如果银行完全考虑了倒闭对整个社会造成的成本的话，它们将冒更少的风险。最后，有人称即使债权人能够在相对低的成本下了解全部情况，让众多小储户都进行类似的分析也是一种浪费，集中交给一方能够以更低的成本做出分析。

在美国，许多公司进行这样的集中分析，比如信用评级机构。但是，由于所谓的免费搭车问题，私人市场提供的分析肯定少于债权人希望的数量。单个银行债权人可能决定不购买银行所冒风险的私人分析报告，而希望从别人那获得免费的信息。比如说，一个不想购买分析报告的人可以观察那些买了分析报告的人的行为，免费搭车者将对信息的需求减少到了社会想要的数量之下。有些分析师还怀疑，就算提供了分析报告并可以被轻易得到，我们所描述的小储户是否能够根据分析采取有效的行动。

监督和管理能够解决银行承担过度的风险，关于银行承担的风险的信息数量不足的问题，以及比如说，监督和管理能够禁止银行持有被认为风险太大的资产或要求银行披露贷款的真实风险与收益。在最好的情况下，监管者将代表债权人，尤其是简单的小债权人的利益，并采取这些债券在拥有全部信息时会采取的行动。

进行监督和管理的第二个原因是，显性或隐性的政府担保。美联储委员会主席格林斯潘很好地总结了这一情形：

> 作为一个社会，我们已经做出了一个选择，要为储蓄机构建立一张安全网，不仅仅是要保护公众的储蓄，还要将金融市场不利发展对我们经济的影响最小化。尽管我们显然做得非常成功，但是可以预见这张安全网已经创造了一种道德风险：银行确定承担的风险的水平并从中得到收益，但是却没有承担风险的全部成本；剩下的风险是由政府来承担的。因为政府的主权信用最终保证了银行系统的稳定性以及未保险储户的债权，银行储户不再应用与在没有贴现窗口和存款保险时同样的自我利益来监督银行以保护自身利益。换句话说，安全网需要政府用法律，管理和监督来替代市场对其他行业起到的那种规范性作用。

一个自然而然的问题是，即使监督和管理在理论上证明是有效的，它在实际中是否能起作用。这里有监督和管理在减少银行承担的风险方面的作用。

实践证据

多种类型的证据表明，监督是有实际价值的，尤其是在向市场参与者信息揭示方面，那些信息可能永远也不会公开，或者在很长时间之后才会公开。就如最近的一个分析师所提到的，“监督检查在揭示金融问题和确保银行会计报表反映了这些问题方面，起了非常重要的作用。”监督检查的这种效果能从银行为贷款而持有的准备金的增加上看出来。

检察官对由美国银行组织提供的分析和评级的“信息内容”进行的检查（我们将在下面讨论这些评级）也发现了监管者揭露了机构的负面信息，否则的话市场参与者在一定时期内都不能发觉。而且，至少在很短的时间内，监管者的分析，与市场参与者经常引用的财务比率在预测银行倒闭方面做得一样或更好。市场参与者似乎是重视监管者在揭示问题方面的作用的，他们更重视在进行了银行检查之后的会计报表。

除了识别风险外，监督者至少还能处理和减少银行承担的部分风险。比如说，在美国正式实施的措施让银行按照一些方式行动，比如说减少它们的资产增长，同时减少了承担的风险。监管的这些有益效果，对所有被监管者认为处于困境中的银行来说，都是成立的。对资本管制经验进行全面的回顾，表明自 20 世纪 80 年代末以来生效的资本管理，促使了那些资本状况差的银行以更快的速度增加资本（但是，这些经验回顾并不都是积极的，而且从更理论的角度来回顾资本管理，它们的有效性也是不明确的）。

最近的金融危机也已经向许多观察者证明了监督和管理的重要性。特别是据这些观察者所说，20 世纪 90 年代的发生的金融危机使亚洲金融遭受了很大损失，其他地区的国家的情况也是如此，这些国家的监督和管理体制非常薄弱。它们表明更严格的监督将有效地限制风险承担，比如一个分析师提到，“新兴市场经济国家，尤其是那些东亚国家，金融监管薄弱是臭名昭著的。当金融自由化给冒风险提供了新的机会时，这些薄弱的监督/管理体制不能限制政府安全网创造出的道德风险，这会导致银行冒的风险过大。”

反例

不是所有人都承认监督管理是有效的。当前的体制，政府已经通过担保进行了干预，可能不能提供一个很好的测试方法，来检验监管相对于借款人的有效性。这些批评指向的是历史时期，我们已经在第 4 章中讨论过，这段时期存款保险和公共管理对确保金融稳定性来说都不是必要的。最近的一个案例表明，从新西兰来看，传统的监督和管理过多了。许多年前，新西兰采用的是不需要银行监管者的无管理银行系统，而且该国也没有储蓄保险。新西兰主要依靠银行的信息披露和董事监督来限制合适的风险承担水平，到现在为止这种方法运行得很好，但是我们并不认为它提供了太多的指导意义。

实际上新西兰所有的银行资产都归外国机构所有，尽管在计划监督和管理改革的时候，外国所有者还不是那么普遍，这种为外国所有的影响意味着对这些机构的政府监督的很大一部分转移给了外国监管者。其他人也得出了相同的结论：“新西兰在监督银行方面是免费搭车的，都是其他国家在监督。”

如果一个或更多这样的银行陷入金融困境，对银行的主要解救权也就落在了外国当局者手上。因此，从我们的观点来看，并不清楚新西兰管理当局是否依靠有效的市场规范来提高安全性和稳定性，或者是他们在赌银行的母国实施的“大而不倒”政策。了解新西兰的银行债务是如何被定价的以及贷款人是否会对银行机构加以区分将是非常有趣的，但是现在看来这些数据没有被收集起来，而且管理当局对他们没有兴趣。

即使新西兰的案例不能让我们反对传统的监督和管理，我们必须承认，监管者和政策制定者不能用一批有力的研究，来支持某些类型的监督和管理，比其他类型的监管更加有效。尽管监管工作朝着“正确的方向”(比如说，导致承担更小的风险)，对监督和管理进行回顾并不能表明它是否是成本有效的，或者它留给社会的银行系统承担的风险太多还是太少。

证据有限为我们争论设置了障碍，无法确定监督和管理是否将有效限制由“大而不倒”担保引起的风险承担。事实上，我们还没有讨论监管的一些局限性。这些局限性使我们在完全依赖监督和管理，或把其作为管理“大而不倒”问题时的主要方法时要倍加小心。

银行监督和管理的局限性

我们讨论一些银行监督和管理的局限性，来解释我们为什么不愿意过度依靠它来限制“大而不倒”的例外条款的应用。它们包括减少监管性应对措施对银行冒险行为的反应速度的一些因素，以及监管者决定银行承担多少风险是非常有挑战性的。另外，许多国家的监管业绩记录并不总是优秀的。

监管者不能及时做出反应

尽管监管者会对银行冒风险做出反应，但是它们的反应可能要花一些时间。利润最大化的银行将一直寻找能够加到底线上的产品、服务和交易，它们有大量的动机去保持创造性和创新性。由于对它们的债务的错误定价，有些创新将成为银行承担过多风险的手段。

相反，监管者没有花时间思考增加盈利的新方法，自然会在试图判断银行用来承担过多风险的许多可能的手段时面临很多挑战。也许为回应预测风险承担的未来领域的难题，监管者试图评估受监管的机构现在的状态而且非常依赖历史绩效来做出分析。看一下联邦存款保险公司对从银行检查中得到的结果的总体评估的描述，这些分析是“只基于内部运营，只测量银行当前的财务状态，没有将地区或当地经济发展考虑进去，它们可能会在未来造成问题，但是还没有反映到银行的状况中去……这些分析在设计上就不是向前看的，而且不能系统地追踪可能会在几年后造成损失的长期因素。因此，它们提供的银行状况的图像是现在的而不是预期的。”

监管的回顾性导致的反应性也许也反映了监管者在识别问题领域（资产质量是一个显著的例外）对银行的依赖。如果银行不提供信息，不向监管者强调这些活动构成了很大的风险，或低估它们承担的风险，监管者可能会对结果大吃一惊。在许多案例中，只有在受到冲击之后——某一经济部门或国家的失败了，银行借给它们非常多的钱，监管者、银行管理者和董事才清楚公司战略的真实风险。

这些观察结果不是我们进行批评的依据，因为我们想不出实际可行的办法，能够让监管者不只是对现在的状态做出反应，而且它不一定成为银行监管者跟踪银行业务时的一个严重问题。但是，如果有一个新产品被证明比预期的风险更大，而监管者很迟才认清这一事实，那么可能在监管者采取纠正性措施之前就已经发生了不良的金融后果。

即使它们及时地识别出了风险，监管者在采取行动前还有一些时滞。推迟采取行动反映了一种以法律和规范为基础的环境，在此环境下，如果监管者已经有规范和管理来证明它们的步骤的合理性的话，他们才愿意对机构采取行动。当监管者还在等待执行规范时，银行就能继续从事他们不希望的行为，而且这种时滞可能会很长。解决资产出售的资本处理的规范大约花了 7 年才完成。监管行动也可能发生延迟，因为多数国家相信银行应该受到正当司法程序而且监督判决要进行复核，这导致了监管者不得不在他们行动之前收集大量的证据，特别是如果银行官员和董事成员不同意监管评定结果的话。

最后，我们的看法是银行的人力资本和监管人员之间差别很大。尽管监管部门也雇佣了能够比得上银行雇佣的人力资源的员工，但是数量不令我们满意。比如说，通货监理署有技能非常强的雇员，一般精通经济或金融，他们协助检查官分析大银行更复杂的工具和行为。非正式调查表明这一部门的全部雇员大约20人，尽管通货监理署的其他有能力的分析师当然可以和他们在银行中的同事讨论这些问题，但是分析小组的规模过小至少表明监管者会发现他们自己有时候弹尽粮绝了。

监督或管理的反应不准确

不能太过依赖监管部门对由“大而不倒”引起的承担过度风险问题的反应的第二个原因是监管者反应的潜在不准确性。看一下检查评级，它也许是监管过程最重要的输出量。在美国的标准中，被评为4或5的银行是最弱的，被评为1或2的银行被认为处在健康的情况下。这些评级是决定对银行行动的监管反应的关键输入量，被评为3或更高的银行的活动将受到限制，而评级更好的银行往往面临较少的监管限制。

监管反应的促发变量只能取5个值固然缺少准确性（在实际中，银行评级往往取非常少的值；在20世纪90年代的最后几年里，实际上没有银行持有的公司评级大于2）。而且尽管使用了数字，这些评级也不是对风险的数量测量。如果不被标成1~5，它们也可以标成A~E。而且和很多等级一样，这些评级之间的区别，尤其是这些被认为是满意（评级2）的评级和那些被认为是不满意（评级3）的评级，是主观的。而一个等级的机构往往受到自动限制，另一等级的却没有。这就是说，尽管缺少准确性，评级之间的差别关系重大。

为了公平，监管者用了一系列工具来对银行状况做出反应，它们的分析输入量不仅仅限于整体银行评级。一般监管行动要经历董事会的解决方案，监管者和银行之间的谅解备忘，终止命令和其他法律行动。这些命令也许包括要求人事变动，对增长和其他活动做出限制，退出现在的业务等。

这些反应的确考虑了针对银行的一些行动目标，但是这些更细微的反应也无法真正适合指导银行活动。比如说，它们将不会要求一个机构在一个由一系列复杂的因素所决定，且这些因素不断变动的条件下，按照一个比例增长或缩小规模。由于没有这样的条件，监管反应是否会鼓励银行去承担接近最优数量的风险是不确定的。

我们所讨论的所有这些因素结合在一起，使得监管者很难决定银行和银行系统应该承担多少风险，应该是 1 000 次失败 1 次还是 100 万次失败 1 次呢？我们当然能够编制出一个让监管者遵从的简单规则，比如说避免所有的失败。但是，这样一种广泛强制对于一个动态的社会来说必然是不正确的。

我们担心的不是什么新的，也不是漫无目的地针对监管者自身的。政府不能轻易收集和处理所需要的信息，这些信息用于判定金融中介将承担的风险的整体背景和类型。当每次经济陷入或走出衰退时，监管者都要面对一个根本难题。在这样的时期，批评者或选出的官员会指责监管者太宽松或太严格。这些指责也许是欺骗性的，尽管监管者能够识别何时他们要试图减少银行系统承担的风险，要判断监督立场的变化而产生的风险数量是否正确却是很困难的。

管理也发生了类似的问题。比如说，研究者不知道典型的资本体制会像一些理论表示的那样导致银行承担更多的风险，还是像大多数监管者假设的那样承担更少的风险，但是，研究者确实知道大多数现在的资本体制会导致银行与系统博弈，以让它们能够持有更少的管理资本，却不需要减少它们实际承担的风险。

不完全的监管绩效记录

我们不是完全依赖监管的最后一个原因是它的绩效记录。监管者已经尽可能避免对大银行的未保险债务人提供偿付的情况出现。这些局限性在美国最近的银行危机中表现得非常明显。分析师指出，很大一个范围内的其他国家也有相同的经历，如对银行绩效，银行危机和监督管理的复核都是以经验为基础的。对数据最全面的复核发现“对监管权力、资源、独立性、贷款分类严格性、条款严格性等等的测量，都不是与银行绩效或稳定性有力地联系起来的……这些结果不能支持许多关注于监督银行业务的正式授权的国际机构的战略。”

类似的，资本管理没有与银行绩效或稳定性紧密联系起来。相反，导致更多披露和增加私人贷款者监管银行机会的监管行动，是与银行更高水平的绩效相联系的。该分析以及相关的分析表明，那些寻求解决银行承担的风险的国家培养了一种管理环境，鼓励“多只眼睛”来监督银行。

当然围绕最近银行危机的很多环境都是情有可原的。美国的银行业崩溃，在许多人眼中是由“完美风暴”引起的，它是一个一生只有一次，我们不希望再次发生的事件集合。除了放松管制之外，还有地区性经济衰退，利率的大幅震荡和被选举官员的监管程序的腐败。在很多年代，监管似乎是能够胜任限制银行承担的风险的任务的。

但是，这些对监管绩效不佳的解释都不令人满意。根据定义，政府将是政治程序的一部分。如果在一个政治化的环境中消失的话，它就不能成为解决“大而不倒”保护问题的主要堡垒。相似地，困难的经济环境和白热化的竞争不能为监管解决承担过度风险问题能力的局限性辩解。在这些时期，社会需要对银行进行有效的限制。

监管改革的有效性

有些人也许会发现我们对监管的描述已经过时了。在最近这 10 年，监管者已经开发了他们认为的新技术，使他们保持相关性，加快行动速度，使反应更加准确。监管者不是对特定银行活动进行某一时间点的检查，而是对大机构进行连续监督并关注于风险管理系统。通过鼓励建立限制风险承担、监控风险承担对违反限制条件情况进行报告和反应的系统，监管者相信他们能够更好地确保银行没有承担过多风险。

转向所谓的风险关注（risk-focused）的审查应该是有帮助的，但是我们并不将其看成把监督和管理作为限制大银行承担过多风险的主要手段的足够证据。在某些方面，转向风险关注的审查反映了我们已经讨论过的局限性。监管者在试图分析他们所监管的机构的真实风险时，必须战胜人员和信息的局限。然而它们一般依赖有问题的机构的风险管理报告系统，来商讨银行活动的管理。像我们已经指出的那样，高度依赖银行系统可能很难快速获得对风险管理的统计分析。而且我们已经讨论过的，监管者在判断银行应该承担的风险方面的能力的局限性，也使他们很难判断合适的风险管理系统应该是如何构成的。而且当银行有盈利且看上去安全稳健时，风险关注的方法也没有让找出银行在哪些领域承担了过多风险变得更加容易。

TOO BIG TO FAIL

附录D
增强市场规范

THE HAZARDS OF BANK BAILOUTS

现有的针对“大而不倒”银行的市场规范是不够的，因此我们建议了本书中的这些改革。这种判断并不能阻止我们相信市场的力量，在它们现有的形式下还有些程度有限，但是这些改革在未来，能够在管理大银行的风险和“大而不倒”问题上起作用。未来市场规范应该在管理银行活动承担的风险方面起更大的作用，那时政府执行了我们所讨论的改革，削弱了“大而不倒”保护的预期。我们提过一些技术性趋势已经让“大而不倒”成为了一个更大的威胁，而且它们有可能减少银行资产的不透明性。所以，市场参与者应该更好地了解银行承担风险的未来情况，而不是它们的现状。

我们通过总结技术性变化来作为本附录的开始，这可能会让银行变得更容易分析。然后我们将更详细地讨论直接规范的好处，解释为什么监管者现在靠披露来增加直接规范是错误的，并对一些增加直接规范的更结构性的方法进行审查。通过引导银行承担更优的风险水平，增加市场规范能够使“大而不倒”救助情况更少发生，而且这是有证据证明的。我们认为如果政策制定者将增加直接规范的改革认为是支持或追随，我们的改革是要将债权人置于遭受损失的风险之中的话，我们所希望的这种结果会更可能发生。

我们以将市场数据更好地结合到监管过程（间接规范）的情况作为结束。我们讨论了特定的建议，关于监管者如何更好地在它们的评估中，在对储蓄保险定价中，以及在设定要求采取监管行动的触发条件中利用市场数据。通过这样做，监管者能够提高他们管理银行承担风险的能力，并使银行不再那么强制性地需要“大而不倒”保护。再次地，我们将看到近期监管者更好地使用市场数据的一些好处，也将认识到只有债权人认为他们自己处在遭受损失的更大风险之中时才能得到最显著的回报。

技术的变化如何增加银行的透明度

在第 5 章我们判断了与银行技术和业务的变化相联系的一些趋势，这些趋势可能使得“大而不倒”偿付可能性更大，比如说，通过使监管者更加不确定一个机构的失败将如何影响另一个机构。与此同时，这些趋势可能使银行资产更加透明并能够进行更好的风险管理。我们认为这些趋势将使分析银行资产和考虑增强风险管理的成本更低。因此，政策制定者应该对债务人在未来分析银行风险和根据定价和数量来决定他们接下来决策的能力，抱有更多的信心。

增加银行透明度的一个趋势是贷款中越来越大的一部分具有了在金融市场可以交易的证券的特征：

① 在初始发行后，在市场上交易的银行贷款的数额从 1991 年的 80 亿美元增加到了 2001 年的 1 180 亿美元（而且 2002 年的前三季度交易贷款接近 900 亿美元）。

② 从 1993 年到 2001 年，未偿付的辛迪加贷款美元总额增加了一倍，增长到了 7 500 亿美元。这些贷款的数量超过 2 000 万美元，被三个以上机构持有，而且在存续期内可以交易贷款（见图 D—1）。

③ 贷款支持证券市场已经实现了相当大的增长。所谓的债务抵押债券（CDO）——支付额取决于资产池（包括银行贷款和债券）的绩效的证券——的发行量从 1998 年年末的大约 80 亿美元增加到了 2001 年

年末的 5 000 亿美元。

④ 在所谓的资产支持证券市场上——由消费贷款或更小的商业贷款支持的证券——发行的贷款已经增长了四倍，在 1995—2002 年间从大约 3 000 亿美元增加到了 1.2 万亿美元。

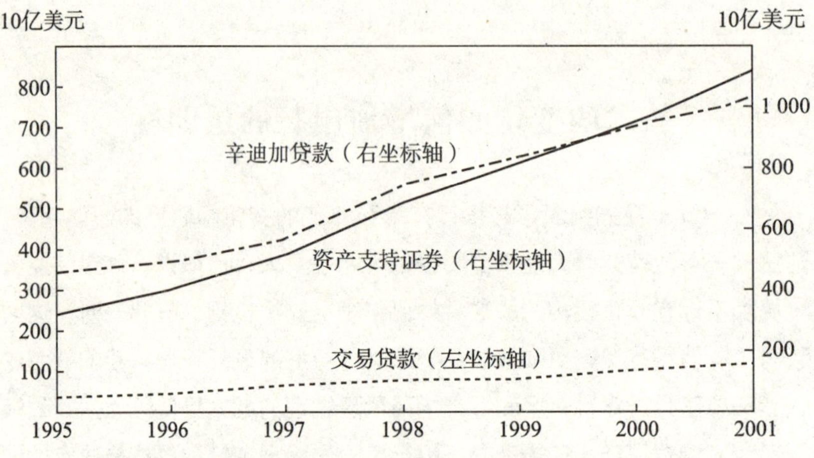

图 D—1　辛迪加和交易贷款以及资产支持证券的增长（1995—2001）

⑤ 贷款带有证券特征能够增加资产的透明性的原因很多。比如说，将贷款转换成证券（证券化）要求贷款具有很高水平的统一性。它还要求贷款人提供与贷款相关的数据，以便投资者能够估计他们的预期收益并监视实际绩效。证券化促使银行将贷款结构化，使它们更容易分析。

出售和交易整个贷款的好处更加直接。这种出售和交易产生的价格，和其他信息，比如信用评级，反映了贷款的预期绩效。尤其重要的是，评论员现在有了第三方对银行持有的资产的风险的测量结果，比如说惠誉评级，像其他主要的评级公司那样，有一个组专门致力于分析 CDO 和银行贷款。该公司称“该小组”的成立是为了回应贷款和高收益债券的流动性增强，贷款证券化在银行资本管理中的作用不断增大，以及将贷款作为一种投资而增加的机构者利益。”

更容易出售贷款让风险管理更加便利，它让更多的投资者分担购买者的风险。过去银行部门可能需要承担向一个给定行业或地区贷款的大多数风险，但是现在这些技术分散了风险，不仅其他金融机构能够承担购买者的风险，个人也可以。比如说许多共同基金，一般被称为银行优惠利率或贷款的参与者，专门持有银行贷款。在开发金融工具方面的进步，甚至也让银行能够在不出售贷款的情况下和它们的购买者共担风险（通过一种叫做信用衍生产品的金融合约）。一些政策制定者已经明确地将这些进步与减少外溢威胁联系起来，称“如果风险被适当分散，对整体经济系统的冲击就能被更好地吸收，而且造成威胁金融稳定性的交叉倒闭的可能性会更小。”

除了贷款越来越像证券外，计算机和金融技术的进步也产生了能让外部人员更容易掌握银行资产的分析技术。许多银行现在为它们的贷款分配一个评级或分数，它表明了违约的可能性以及违约时的损失。这种进步减少了为了解银行持有的贷款的预期绩效和对私人信息的需要，尽管这将要求银行披露这样的信息。

我们不是说这种转变将让储户去读大而复杂银行的年报，并完全了解银行的风险。其中一些趋势，在一些情况下，反而增加银行的不透明性。比如说，当银行出售贷款池，它们有时候持有贷款池的一小部分，这部分吸收了贷款最初遭受的损失。这一部分称为剩余，经常很难估价。

另外有人注意到银行快速转变它们持有的资产的类别的能力，在贷款具有了证券特征之后它们能更容易做到这一点，加上其他因素，使得它们的风险更难评估。总的来说，我们将这些趋势看成提高了外部人员对公司资产进行估值的能力。

而且我们怀疑是否所有投资者都完全了解能源公司、娱乐集团公司、化学品生产商和食品服务提供商的风险，它们绩效的转变让它们的债权人大吃一惊。这种银行不透明的断言依赖的理由是，至少部分上它们的资产，尤其是它们的贷款，为外部人员了解情况带来了很大挑战，这样评论员更容易评估银行的资产的变化，可能会使得银行相对于其他公司更加透明。如果市场参与者能够更容易地评估银行承担的风险，以及风险是否能更有效地分散，那么社会应该对债权人对银行承担风险的变化做出反应的能力更有信心。

我们现在转而考虑市场力量在直接规范银行以及间接影响银行的监管过程中所起的作用。

增强直接规范

当银行债权人相信他们的资金会因为银行倒闭而遭受损失时，直接规范不过是他们的定价和数量决策的方式的另一种表示。尽管我们相信现在的直接规范还不够完善，而且应该通过让债权人承担更多的损失风险来改善，但是我们仍需要强调即使是在现在，我们也将市场规范看成是改变能改变银行承担的风险的。问题是如何增强直接规范。

尽管我们相信将债权人至于更大的损失风险之中是事情的关键，但是公众的争论都将注意力集中于两个其他的选择上：增加强制性披露和通过让未保险债券强制性地适用保险债券的市场规范。这些替代方案的支持者们相信通过更好地应用直接规范，它们将让银行承担更适度的风险。因为减少“大而不倒”预期是我们的最终目标，所以我们现在认为在多数情况下这些改革是值得坚持的。

披露

银行监管者将增加披露作为政策目标的关键。事实上，有时候当监管者称支持增加市场规范时，他们实际上是在回顾增加银行提供给债权人的信息数量的计划。尽管可能有很好的理由在未来增加强制性披露，我们反对监管者把它放在首要地位，而希望政策制定者将注意力集中于增加债权人遭受损失的风险。

也许监管部门支持增强披露的最著名的例子来自负责银行监管的巴塞尔银行监管委员会（Basel Committee on Banking Supervision）提出的各种新方案。巴塞尔银行监管委员会在追踪银行所作的披露方面付出了大量的努力，它暗示或甚至有时候直接得出结论说，银行应该做得更多。他们所提出的国际资本标准的修订版中所谓的三大支柱指明了在新的体制下银行需要做的披露工作，而且其他监管来源也同样要求更多的披露。

我们有很多有说服力的理由来支持新的、强制性的披露。如果由银行自己决定的话，从社会的角度讲银行可能会披露的太少。举一个例子，如果竞争者不披露信息，那么决定披露信息的银行最终可能是在惩罚自己。没有和同行比较的基础的话，市场参与者们可能很难决定已报告的披露信息是典型的还是异常现象。如果没有一个银行想要先披露，那么披露可能就不会发生。

同时，我们发现没有几个披露的典型目标是特别强制性的。比如说，因为银行已经不得不产生很多监管者想要披露的信息，披露本身的成本可能非常小。监管者看似也能够解决银行对发布专有信息的担心。

但是，我们仍然对现在将披露作为增加直接规范的一种方法，持保留态度。我们反对监管者将披露放在首要位置，而排除了其他相关的变革。特别是，强制性增加披露而没有增加债权人将这些信息用于他们的定价和数量决定中去，可能不会得到更多直接规范。

将债权人置于更大遭受损失的风险之中的改革，不仅能更好地利用披露的信息，而且这些改革能够带来更多披露。在一个隐性政府担保更少的市场上，我们可能会看到对大银行的信息的需求和供给和现在的情况有很大不同。而且，由被置于更大遭受损失的风险之中债权人所引起的信息披露，会优于强制性披露。比如说，监管者没有一种简单的方法能决定什么是债权人将认为有用的信息。监管者强制的披露可能没有达到目的，特别是因为监管者强制的披露往往包括了从事各种类型业务的大范围的银行。相反的，债权人有理由对信息按重要性排序，而且需要那些他们发现是最有用的信息。类似的，银行也有动机以成本最低的方式对市场对披露的关注做出反应。我们将强制性披露看成是将债权人置于更大遭受损失的风险之中的一种辅助方法，或者次要目标。

结构性直接规范

对现有的直接规范的第二个批评是银行有能力避开它。比如，银行能够通过增加发行保险债务来减少它们面临的直接规范。为了更好地利用市场的力量，政策制定者可以强制银行定期发行未保险债务。有名的计划都试图通过要求银行发行一定数量的未保险次级票据和债券(SND)，来执行这一建议。次级票据和债券计划有多种形式，有些用次级票据和债券被用作关闭银行的触发事件。比如说，如果银行不能按低于某一利率发行次级票据和债券，或如果大多数次级票据和债券持有者要求偿还的话，那么银行将被关闭。

我们认为强制性次级票据或债券背后的主旨是合理的，而且能够提高直接规范的质量，即使我们与许多计划中所有的细节意见不一致。但是和披露的情况一样，我们次级票据和债券的实施应该与我们提倡的减少“大而不倒”例外情况的其他改革紧密协调。在过去，当银行倒闭的时候，次级票据和债券的持有者都被保护了，因此他们也许会预期未来会得到保护。政策制定者应该实施变革，让次级票据和债券的持有者处于更大的风险之中。

当然，强制性次级票据和债券计划本身有很多方法可以解决“大而不倒”担心。但是，通过更一般的改革将债权人置于更大遭受损失的风险之中，政府可能会收到更好的效果。广泛基础的改革将影响更大范围的债权人，而且可能标志着强加损失的承诺更加可信。因此尽管我们支持这些计划，但是我们认为政策制定者在执行它们的同时，采取实际的步骤让所有未保险债权人处在遭受损失的真实风险之中才是精明的。

美联储委员会和美国财政部不支持进行一项强制的次级票据和债券计划，部分是因为对现在的次级票据和债券市场表示担心。它们看起来特别担心要求发行次级票据和债券，因为次级票据和债券的一些方面——比如说要求银行和非持有公司发行债券——将与现行的市场实践相违背，而且次级票据和债券现在的部分成本反映了与发行银行的根本安全和稳健性无关的一些因素。次级票据和债券市场在有些时期流动性非常差，比如在俄罗斯债务危机时期。在这样的环境下要求银行发行债务，可能会加上一个与银行承担的风险无关的硬性成本。

但是和披露的情况一样，在假设现在的市场是未来的很好的指导时，应该非常小心。比如说，政策制定者可以设计一种强制性的次级票据和债券方案，加大次级票据和债券的发行量，或至少发行次数比现有的更多。在进行这样一次重大的体制变化之后，现在对发行成本的担忧对市场就不适用了。虽然财政部和联邦储备委员会已经要求进行更多的研究来帮助解决这些担忧，但是其他人建议小规模试验是解决这一问题的更好方法。通常的警告会把债权人置于损失的险境，所以我们应采取先发制人的态度。

增加间接规范

当银行监督者将市场价格中内嵌的风险评估融入到他们的决策和行为中去时，银行就面临着间接市场规范。我们相信监督者应该采取一些措施增加这样的间接规范，因为它将提高他们管理承担风险的能力。如果承担的风险更小，那么大银行倒闭的概率以及倒闭带来的成本就会下降，这就会使得“大而不倒”偿付发生的可能性减少。在这一总结性的部分，我们将讨论任务的时间选择，解释增加间接规范的方法，并以在未来增加间接规范的一些建议结束。

为什么现在要增加间接规范

在前面的部分，我们耐心地分析了对银行的强制性披露规则。为什么要求监管者现在将市场信号加入到他们的评估当中去呢？开始得越早越好是有道理的，因为监管者需要花一些时间来获得利用市场数据的经验，以研究其可能性。

在现在这时候将市场数据加入到监督过程中，已经引起了一些监管者的担忧。比如一些监管者从使用市场数据中几乎没有发现什么利益，因为他们已经获得了银行的内部信息。增加市场数据的使用也会带来挑战，因为监管者既不能判断为什么市场信号上升或下降，也不能用这些信号来支持特定的监管行为，而传统的监管数据能够做到这一点。这两种担忧是高度相关的，因为一个监管者相信如果他不能够解释市场的测量结果为什么会变化（比如说，资本太少或者海外风险暴露过多），就不能判断什么样的监管应对措施是合理的。一些监管者也许还会将在监管过程中增加市场数据的使用要求看成是与当前主流政策不一致的，因此也就不是他们的优先选择。除此之外，还存在法律上的担忧，我们现在要讨论的是如何应对它们。

对间接规范的担忧的应对措施

我们看到了监管者增加市场数据的使用佐证。第一个方法是注意到负责管理监管机构的政策制定者看到了监管者使用市场数据的优点。前任美联储副主席罗格·弗格森（Roger Ferguson）总结这一方法：“我们作为应对这些大而复杂的机构的监管者需要得到我们能够得到的尽可能多的帮助。我们的检查官做得非常出色，但是任何一个好的检查官都承认数据应该有各种不同的来源，包括来自市场的信号。因此，市场规范应该是监管过程的一种重要辅助。”这种方法得到了很多强制监管者使用市场数据的高级官员的支持。

第二个方法是呼吁市场数据的价值和直接回应监管者的担忧。我们的观点，在别的地方已经进行了更详细的讨论，是监管者由自我利益的原因去定期检查一系列市场数据，包括来自债务市场的信息，从股票价格中得到的违约概率，在衍生品市场中产生的风险测量结果，甚至是银行使用的资金类型的变化。这些检查对最大、最复杂的银行的检查官来说是非常有用的，但是他们对经营活动曾经受到过监督者限制的银行机构（比如说，嘉信理财［Charles Schwab］），或者经营活动的信息受到限制的外国银行机构来说证明也是有用的，获得这些收益的成本非常低。

更具体地说，市场数据能够对监督者对银行机构的环境和风险的分析进行证明。监管者已经分析了一系列数据，包括标准财务比率，对被监管机构的业务的测量，以及现场检查的结果。对于这一精细的分析过程，我们只建议监管者将从市场价格中得到的信息加入到风险承担检查中去。市场数据值得考虑，因为这样的信息在很多方面不同于那些数据，通常以会计为基础。监管者审查的（数据），与以会计为基础的数据不同，市场数据来源于资金处在风险之中的人，它加入了对未来绩效的分析，不受被监管机构的直接控制，产生基础是连续的，而且评估了质量管理。市场数据确实能够为监管评估增加价值，因为它们提供了一种有用的观点，这是其他来源所没有的。这种逻辑也解释了，为什么市场数据能够帮助监督者评估从银行借款的公司的信用质量。

但是监督者已经有了全部信息，其中包括包含在市场信号中的市场信息的命题又是怎样的呢？经验分析并不支持这一结论。比如说，监管者使用一系列统计模型来判断银行的财务状况。将市场数据加入到这样的模型中，他们的绩效提高了。这样的证据是非常有力的，因为在该分析中使用的模型与银行监管者使用的模型几乎是一样的。更一般的情况下，模型绩效的输出变量与现场银行审核的结果是高度相关的，监督者依靠统计模型来识别问题银行比依靠比 6 个月前更早的评级结果要好一些。

一旦监督者已经得出了关于银行的风险性的结论，市场数据就能够提高他们的反应，比如说，减少监督者面临的不确定性。当市场信号证实了监管判断时，我们将预期监管者会更快采取行动而且更有信心。即使信号是冲突的，也能减少不确定性，因为它们为监管者估计银行风险性提供了额外的信息。同时使用市场和监管数据将证明是非常有益处的，因为就如我们已经描述的那样，好的评估结果依赖不同的角度和计算。就如一个著名的银行经济学家所称，“如果市场信息能够减少对公司状况的不确定性……监管者将可能行动得更迅速或更激进。”监管者并不需要将市场数据与特定的银行问题联系在一起，来提高他们行动的质量。

市场数据还应该通过提高与应对措施的交流，并对其进行支持，来增强监管者的反应能力。银行在它们自身的业务中大量使用了市场信息，市场价格是由不受监管者控制的第三方产生的。这两种特征使得银行很难反驳基于部分基于市场数据的发现。如果银行挑战监管者的可能性更小，我们将预期能更快解决同样的问题。这些特征也将有助于向公众证明，在法律程序上，比如说，当施加了规范时，监督者公平地对待了银行。

市场价格也在评级风险方面比监管测量结果要好得多。基于市场价格的信号，比如说预期违约率是 20%，也要比监督测量结果，比如说评级为 3，有更直观和更准确的含义。因为市场数据有能力归类相对风险，它能够帮助监管者分配资源。监管者如果使用市场数据为机构的风险排序，这项任务是落入一个或两个类别的监管评级所不能完成的。那些被市场判断为风险水平最高的机构将受到监管者最多的重视，这使资源的分配变得更容易。

我们指出的一些依据和证据也许看起来与日常监督的离得太远了，

不能说服监管者更多地使用市场数据是有必要的。同样的，在监管机构中更多地使用市场数据的支持者应该考虑收集另外的与监管过程联系更紧密的证据支持。比如说，展示了哪些领域市场数据对检查官是有用的，以及市场数据多久传递一次错误信息的事件研究和分析证明也许是非常有说服力的。监管者也许会更能接受对现有的监管过程的模拟，比如说快速正确的行动，这里市场数据相对于现有的监管方法被证明绩效更优。

存款保险保险费

设定存款保险保险费，让它们与银行承担的风险一同变化，应该有助于减轻隐性政府担保带来的道德风险问题。通过收取反映了银行倒闭的可能性的保费，发行人能够得到债权人风险定价的补偿。在一个以风险为基础的保险费系统中，如果银行承担的风险更高，银行支付的就更多。这将强迫银行在决定承担的风险的水平时会考虑它所承担的风险的全部成本，并减少“大而不倒”保护。

保险商所面临的挑战是确定如何来衡量风险，以及如何将对风险的衡量囊括在保险费估定中。部分挑战反映出，一些政治或法律决策导致保险商难以收取风险费率。例如，在由《联邦存款保险公司改进法案》（*FDICIA*）和美国后续制订的法律所建立的体系中，保险商几乎不可能根据风险来调整保费。相反，存款保险费率主要基于在存款保险商的账户里维持一定水平的资金，尽管此类有关偿付能力的举措并无意义。实际上，支撑联邦存款保险公司的是联邦政府的征税权，而并非其账户里不真实的资金。很早以前，我们就建议改变这种安排，联邦存款保险公司现在至少在一定程度上支持这个观点。

不过，多数在制订风险费率上的挑战都有着技术方面的因素。事实上，一些分析家已经提出，要将存款保险费率与银行的风险承担挂钩，这基本上是不可能的，因为评估银行风险程度所必需的信息都掌握在银行自己手中，获取信息的成本非常高。尽管制订能充分反映银行风险等级的存款保险费率的成本过高，但还是有方法，在保费中至少体现部分银行的风险承担情况。其中一些方法，在使用中只需要基本的金融数据和非常简单的分析技术。

因为市场数据具有一些非常好的特征（例如时效性和前瞻性等等），许多分析家利用这些信息来对政府担保进行定价，例如存款保险。因为其方法是一种专业技术，在此就不赘言，只是重点介绍此类工作中的一些发现。首先，如果根据市场数据来估计保费，那么美国的存款保险在过去和现在都定价过低。其次，分析家们可以使用市场数据来推断银行的风险等级，尽管这些风险在市场上还没有明显的苗头。因此，市场数据可以影响到对所有银行的政府担保的定价。最后一点，也是最重要的一点，根据市场数据对政府担保定价的模拟结果非常不错。

这些结果显示，市场信息可以在短期内改善存款保险的定价。联邦存款保险公司应该马上朝这个方向发展。不过，这样做最大的好处可能还要等到未来才能体现出来——在让债权人承担更大的损失风险的改革生效之后。

未来的举措

为了加强间接的监管，我们建议在未来采取两个步骤，这两个步骤密不可分：第一个是根据市场数据来启动监管，第二个与市场价值会计相关。

我们已经解释过，现行的监管体系主要是及时采取纠正措施，靠的是触发监管行为的各种因素。相比风险较小的机构而言，风险较大的机构应该自动面对更多的监管审查、更高的保险成本、以及更多的行为限制。这些触发因素就是对风险的监督衡量，这点鲜有例外。许多人认为监管衡量不适合于作为触发因素，因为它们的特征与市场数据相反：它们缺乏时效性，反映的是过去的情况，而并非未来的绩效，而且都非常容易被银行所操纵。

我们和其他人都认同和相信，政策制定者应该将市场数据整合到触发因素的设计中。通过一个非常简单的方法，监管者可以根据市场数据，将银行划分到不同的引发因素范畴，从而使用存款保险风险费率。支付较高市场保费的银行，应该在自身的行为上受到更加严格的限制。另一种方法就是，监管者可以根据他们在基准利率、预期违约频率、或其他市场衡量标准（例如信用衍生品的差异度）等方面的筹资成本来将银行划分到不同的触发因素类别中。如果综合使用这两种方法，当银行所在的根据市场数据划分的类别发生改变，或者是所处的监管类型发生改变，都可以触发监管行动。

我们已经描述了对市场数据的间接使用方法，相比这些方法而言，这种触发机制可以带来更严重的结果，其中包括关闭银行。因此，我们认为这一步值得在未来进行考虑，而不是马上加以采用。因为当银行应该继续营业时，如果对其进行关闭，可能会导致高昂的成本，所以更为合理的方法，是从监管领域对市场数据的其他使用中积累经验，同时推行改革，改善市场价格的质量。

也就是说，在具体的事件上，例如在推行特定的改革时，我们不会将市场价格作为监管行为的触发因素，还有其他方法来减少使用市场数据当做触发因素所带来的成本，同时可以提高这种改革的信心。例如，市场数据和监管行为触发因素可以同时加以使用。另一种方法，则是将市场衡量指标定在较高的水平，只针对情况明显非常糟糕的银行来采取行动。在获得一定的经验后，市场触发因素的水平就可以降低。

在第 8 章中，我们提到希望能够打破立即采取纠正措施和资产与负债的账面价值或历史价值之间的关联。另一种合理的方法，是当无法得到市场价格时，使用资产的市场价值或普遍接受的公允估价，来确定银行的资本水平。针对市场价值会计的优缺点，在过去 15 年里已经有过激烈的争论。这么长时间的探讨也显示，再次推荐此类会计处理在一定程度上是徒劳无益的。

不过，会计操作方法的改变已经让这个方面得到了新的关注和支持。2000 年年底，由包括国际会计准则委员会（International Accounting Standards Board）的前身在内的 10 家会计准则制定机构组成的准则制订机构联合工作小组（Joint Working Group of Standard Setters），推荐以公允价值衡量所有的金融资产和负债。2001 年 5 月，欧盟委员会发布指令，允许欧盟的公司对公允价值会计进行更广泛的使用；欧盟将要求公司在 2005 年之前满足国际会计准则。不管是采用直接还是间接的形式，长期反对该改革的银行监管者们甚至对市场价值会计表示支持。例如，新资本协议得到了众多银行监管者们的支持，其中就要求银行对自身贷款的预期绩效进行估量（例如拖欠贷款的几率和拖欠发生可能导致的损失等），并且针对这些估算披露更多信息。鉴于贷款的预期绩效和投资者要承担的成本之间，存在明显的关联，新的资本协议至少是对市场价值技术的一种隐性支持。

我们相信，这种过程既反映了针对市场价值会计所进行的争论的固有价值，也反映出一个事实，即科技的改变让市场价值处理成为了一种可行的选择。市场价值会计的核心好处、以及采用这种会计方法的主要原因就在于，它能够出色地反映出银行的财务状况。我们已经提到，资产的历史价值与现在或未来的价值之间，只存在一种传递关系。根据现有的会计制度，如果银行破产或清算，即使该银行看上去资本雄厚，事实上也可能给债权人带来巨大的损失。资产的市场估价能更准确地反映出银行的偿付能力，从而也体现了银行破产时债权人预计要承担的成本。如果债权人和监管者能够更好地了解银行的偿付能力，他们就可以采取步骤来将破产的损失和“大而不倒”保护的几率降低到最小。

银行和包括银行监管者在内的其他观察家们，倾向于反对市场价值或公允价值会计（即使他们支持那些隐性支持市场估价的资本规定），他们认为多数银行会一直持有资产直到该资产到期。这些资产所带来的现金和投资它们所带来的成本，都体现了该条策略真正的经济实质。他们也提出，如果对长期持有的资产的短期价值变化进行报告，将会带来一些无关紧要且可能造成误导的信息。他们同时也表示，如果采用市场或公允价值会计，银行资产的人为波动性将会导致投资者在经济上对银行进行惩罚（例如持有银行股票时要收取风险费率）。因此，银行将会改变他们持有贷款的传统做法，去争取价值更稳定的资产，例如国债。传统的中间业务减少将会给经济带来影响，但银行债权人并不会因此就更了解银行的资产状况。

最后，银行和众多观察家们提出，大多数银行的资产和负债并不存在市场价格，因此，银行将使用复杂的金融公式对其公允价值进行估算。此类估算可能会轻易受到假设情况的影响，容易被操纵，而且可能导致银行之间不好进行对比。执行过程中存在的众多挑战，会进一步导致银行的真实状况在市场或公允价值会计中被隐瞒。

我们相信长远来看，这些反对市场价值会计的人在争论中将会处于下风，因为他们对市场或公允价值会计的部分担忧，从理论上和实际上来说都是错误的，而其他担忧都是可以加以管理的。尽管市场或公允价值会计会导致银行收益更加不稳定，但并不会导致银行资产净值的定价更加波动，银行债权人可以区分与会计相关的噪音和银行状况的真正变化。至于在被人操纵和造假方面，我们并不认为安然和其他公司对公允价值会计的错误使用，导致了改革存在问题。难道因为世通公司和其他公司并没有将自己的开支进行正确地归类，会计们就应该拒绝对资本和营运成本进行必要的区分吗？

相反，银行获得市场价值的能力，和对公允价值进行合理的评估这两个问题还是值得考虑的。不过正如之前所说，科技已经让银行资产可以进行更多的市场定价，甚至有可能将迄今为止的小型企业贷款出售。这一点不仅仅让正被出售的，资产的按市值计价工作变得简单，对于银行的账面资产来说也是如此。一般来说，科技和计算能力的发展，已经让分析家们拥有更加标准化的一套工具，来确定市场参与者可能愿意为了某资产出多少钱。大量不同的方法可以用来应对执行中所存在的担忧。简而言之，我们已经拥有更好的信息和分析工具，以一定形式按照市值计价的工作，不再像过去所想的那样让人望而却步。

政策制定者同样可以看到，有越来越多的公司对自身的资产按照市值计价，那些不经常交易的资产也是如此。证券公司在多数情况下资产组合极为复杂，他们日常在经营中也采用市场价值会计。证券公司呼吁银行业采用类似的会计方法，这点也就不让人感到奇怪。例如，在2002年的会计惨败之后，高盛集团主席兼首席执行官的投资者信心树立计划的，核心内容之一就是推荐将会计方法从历史价值改为公允价值会计。当然，这些呼吁也部分体现了面对来自银行的竞争性威胁的态度，但同证券公司的经验也存在一定的关系。此外，至少对部分存在“大而不倒”担忧的巨型银行而言，他们早已经对自己的资产组合按市值计价。在购买大通银行之前，J.P. 摩根公司每天编制按市值计价损益表。J.P. 摩根公司的金融工程师认为其他银行在一到两年内也可以建立体系，进行类似的会计工作（我们可以想象市场价值会计只应用到最大型的银行身上）。

这并不是说市场价值或公允价值会计不需成本，或者就完全正确。事实上，回头来看，在公允市场会计体系下，一些银行资产的估值被证实大错特错。正如我们在多处所指出的那样，要指出改革存在瑕疵并不算什么挑战，在很多方面这点也无关紧要。关键的问题在于，改革（公允或市场价值会计）的这些瑕疵是否超过了现有体系（历史成本会计）的缺陷。

我们认为历史成本会计的主要缺陷非常重要，且是固有的。历史成本会计并不会使用人们在评估资产价值时所考虑的多数重要因素，因而并不能对资产所有人当前的金融状况提供特别有用的描述。相反，市场价值或公允价值体系明确地捕捉了当人们希望了解公司偿付能力时所进行的评估流程。事实上，银行并没有每天都出售资产，但并不能据此就说市场估值与他们的决策无关。实际上，当市场估值被视为达到足够的水平时，银行会将部分或全部资产出售。因为所有银行每天都在进行市场交易，我们也就认为银行家们相信市场估值，而且此类估值会影响他们的决策。简而言之，在了解银行当前的价值上，历史成本会计提出了错误的问题，使用了错误的方法。我们认为市场价值会计更加出色，是因为监管者和会计准则落后于公司的行为。

由此我们得出结论，监管者应该使用市场价值来触发自己的行动。我们将这作为未来改革要采取的举措，因为它将基于市场信号给银行带来关闭的威胁。因此它也值得我们等待数年，等监管者和其他利益各方积累经验，同时等其他人推动该会计制度的改革。等待也将让我们知道，科技是否会让按市值计价会计变成既成事实。

湛庐，与思想有关……

如何阅读商业图书

商业图书与其他类型的图书，由于阅读目的和方式的不同，因此有其特定的阅读原则和阅读方法，先从一本书开始尝试，再熟练应用。

阅读原则1 二八原则

对商业图书来说，80%的精华价值可能仅占20%的页码。要根据自己的阅读能力，进行阅读时间的分配。

阅读原则2 集中优势精力原则

在一个特定的时间段内，集中突破20%的精华内容。也可以在一个时间段内，集中攻克一个主题的阅读。

阅读原则3 递进原则

高效率的阅读并不一定要按照页码顺序展开，可以挑选自己感兴趣的部分阅读，再从兴趣点扩展到其他部分。阅读商业图书切忌贪多，从一个小主题开始，先培养自己的阅读能力，了解文字风格、观点阐述以及案例描述的方法，目的在于对方法的掌握，这才是最重要的。

阅读原则4 好为人师原则

在朋友圈中主导、控制话题，引导话题向自己设计的方向去发展，可以让读书收获更加扎实、实用、有效。

阅读方法与阅读习惯的养成

（1）回想。阅读商业图书常常不会一口气读完，第二次拿起书时，至少用15分钟回想上次阅读的内容，不要翻看，实在想不起来再翻看。严格训练自己，一定要回想，坚持50次，会逐渐养成习惯。

（2）做笔记。不要试图让笔记具有很强的逻辑性和系统性，不需要有深刻的见解和思想，只要是文字，就是对大脑的锻炼。在空白处多写多画，随笔、符号、涂色、书签、便签、折页，甚至拆书都可以。

（3）读后感和PPT。坚持写读后感可以大幅度提高阅读能力，做PPT可以提高逻辑分析能力。从写读后感开始，写上5篇以后，再尝试做PPT。连续做上5个PPT，再重复写三次读后感。如此坚持，阅读能力将会大幅度提高。

（4）思想的超越。要养成上述阅读习惯，通常需要6个月的严格训练，至少完成4本书的阅读。你会慢慢发现，自己的思想开始跳脱出来，开始有了超越作者的感觉。比拟作者、超越作者、试图凌驾于作者之上思考问题，是阅读能力提高的必然结果。

好的方法其实很简单，难就难在执行。需要毅力、执著、长期的坚持，从而养成习惯。用心学习，就会得到心的改变、思想的改变。阅读，与思想有关。

[特别感谢：营销及销售行为专家 孙路弘 智慧支持！]

我们出版的所有图书，封底和前勒口都有“湛庐文化”的标志

并归于两个品牌

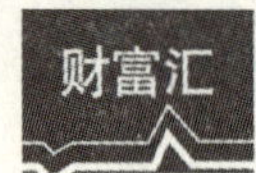

找“小红帽”

为了便于读者在浩如烟海的书架陈列中清楚地找到湛庐，我们在每本图书的封面左上角，以及书脊上部47mm处，以红色作为标记——称之为**“小红帽”**。同时，封面左上角标记**“湛庐文化 Slogan”**，书脊上标记**“湛庐文化 Logo”**，且下方标注图书所属品牌。

湛庐文化主力打造两个品牌：**财富汇**，致力于为商界人士提供国内外优秀的经济管理类图书；**心视界**，旨在通过心理学大师、心灵导师的专业指导为读者提供改善生活和心境的通路。

47mm

阅读的最大成本

读者在选购图书的时候，往往把成本支出的焦点放在书价上，其实不然。

时间才是读者付出的最大阅读成本。

阅读的时间成本=选择花费的时间+阅读花费的时间+误读浪费的时间

湛庐希望成为一个“与思想有关”的组织，成为中国与世界思想交汇的聚集地。通过我们的工作和努力，潜移默化地改变中国人、商业组织的思维方式，与世界先进的理念接轨，帮助国内的企业和经理人，融入世界，这是我们的使命和价值。

我们知道，这项工作就像跑马拉松，是极其漫长和艰苦的。但是我们有决心和毅力去不断推动，在朝着我们目标前进的道路上，所有人都是同行者和推动者。希望更多的专家、学者、读者一起来加入我们的队伍，在当下改变未来。

湛庐文化2008-2012年获奖书目

《正能量》

《新智囊》2012年经管类十大图书，京东2012好书榜年度新书。
35年职业经理人养成心得，写给有追求的职场人。
聆听总裁的职场故事，发掘自己与生俱来的正能量。

《牛奶可乐经济学》

国家图书馆“第四届文津奖”十本获奖图书之一，唯一获奖的商业类图书。
搜狐、《第一财经日报》2008年十本最佳商业图书。
用经济学的眼光看待生活和工作，体验作为“经济学家”的美妙之处。

《清单革命》

《中国图书商报》商业类十大好书。
全球思想家正在读的20本书之一。
一场应对复杂世界的观念变革，一部捍卫安全与正确的实践宣言。

《大而不倒》

《金融时报》· 高盛2010年度最佳商业图书入选作品。
美国《外交政策》杂志评选的全球思想家正在阅读的20本书之一。
蓝狮子·新浪2010年度十大最佳商业图书，《智囊悦读》2010年度十大最具价值经管图书。
一部金融界的《2012》，一部丹·布朗式的鸿篇巨制。

《金融之王》

《金融时报》·高盛2010年度最佳商业图书。
蓝狮子2011年度十大最佳商业图书，《第一财经日报》2011年度十大金融投资书籍。
一部优美的人物传记，一部独特视角的经济金融史。

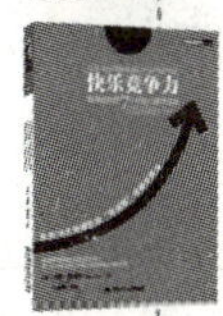

《快乐竞争力》

蓝狮子2012年度十大最佳商业图书。
赢得优势的7个积极心理学法则，全美10大幸福企业“幸福感”培训专用书。

《大客户销售》

蓝狮子·新营销2012最佳营销商业图书。
著名营销及销售行为专家孙路弘最新作品，一本提升大客户销售能力的实战秘笈。

《自营销》

百道网2013年度潜力新书。
全球最具创意广告公司CP+B掌门人的洞见之作，让好产品和好营销同唱一首歌。

《认知盈余》

2011年度和讯华文财经图书大奖。
看“互联网革命最伟大的思考者”克莱·舍基如何开启无组织的时间力量。
看自由时间如何成就“有闲”世界，如何引领“有闲”经济与“有闲”商业的未来。

《爆发》

百道网2013年度潜力新书。
大数据时代预见未来的新思维，颠覆《黑天鹅》的惊世之作，揭开人类行为背后隐藏的模式。

《微力无边》

2011年度和讯华文财经图书大奖“最佳装帧设计奖”。
中国最早的社会化媒体营销研究者杜子建首部作品，一部微博前传，半部营销后传。

《神话的力量》

《心理月刊》2011年度最佳图书奖。
在诸神与英雄的世界中发现自我，当代神话学大师约瑟夫·坎贝尔毕生精髓之作。

《真实的幸福》

《职场》2010年度最具阅读价值的10本职场书籍。
积极心理学之父马丁·塞利格曼扛鼎之作。
哈佛最吸引人、最受欢迎的幸福课。

延伸阅读

《大而不倒》

◎ 2010年最厚重、最值得期待的金融巨制。

◎ 一部金融界的《2012》，一部丹·布朗式的鸿篇巨制。

◎ 长踞亚马逊畅销书排行榜榜首。

《2013年中国资产管理行业发展报告：大资管时代来临》

◎ 中国资产管理行业的年度晴雨表。

◎ 著名金融学家巴曙松连续八年的资产管理行业洞察。

◎ 在金融改革的大背景下，当分业经营壁垒被打破，各类资产机构在大资管时代将如何应战？

《金融之王》

◎ 2010年普利策历史奖得主，《金融时报》、高盛最佳商业图书，《纽约时报》年度十佳图书。

◎ 一本介绍国际金融界大佬在大萧条中的群像著作。

◎ 它不仅如一部优美的传记，情节引人入胜；又如一部有独特视角的经济金融史。

《资本之王》

◎ 全球私募之王黑石集团成长史。

◎ 唯一一部透视黑石集团运作内幕的权威巨著。

◎ 首度展现黑石创始人史蒂夫·施瓦茨曼叱咤风云的私募传奇。

图书在版编目（CIP）数据

大而不倒：如何让大银行建立有效的风险防范机制 /（美）斯特恩，（美）费尔德曼著；钱睿，季晓南，杨艳译 .—北京：中国人民大学出版社，2014

ISBN 978-7-300-18373-2

Ⅰ. ①大… Ⅱ. ①斯… ②费… ③钱… ④季… ⑤杨… Ⅲ. ①银行业－研究－美国 Ⅳ. ① F837.123

中国版本图书馆 CIP 数据核字（2013）第 266325 号

上架指导：金融监管 / 金融业

大而不倒：如何让大银行建立有效的风险防范机制

［美］加里·斯特恩 罗恩·费尔德曼 著

钱睿 季晓南 杨艳 译

Da'er Budao : Ruhe rang Dayinhang Jianli Youxiao de Fengxian Fangfan Jizhi

出版发行	中国人民大学出版社		
社　　址	北京中关村大街 31 号	邮政编码	100080
电　　话	010-62511242（总编室）		010-62511398（质管部）
	010-82501766（邮购部）		010-62514148（门市部）
	010-62515195（发行公司）		010-62515275（盗版举报）
网　　址	http:// www. crup. com. cn		
	http:// www. ttrnet. com（人大教研网）		
经　　销	新华书店		
印　　刷	北京中印联印务有限公司		
规　　格	170 mm × 230 mm 16 开本	版　　次	2014 年 1 月第 1 版
印　　张	14.5 插页 1	印　　次	2014 年 1 月第 1 次印刷
字　　数	196 000	定　　价	45.90 元

如发现印装质量问题，影响阅读，请与市场部联系调换。